De Marte
à Favela

Aline Midlej
Edu Lyra

De Marte à Favela

como a exploração espacial
inspirou um dos maiores projetos
de combate à pobreza do Brasil

Planeta

Copyright © Aline Midlej e Eduardo Lyra, 2024
Copyright © Editora Planeta do Brasil, 2024
Todos os direitos reservados.

Preparação: Júlia Braga Tourinho
Revisão: Patrizia Zagni e Gleice Couto
Diagramação e projeto gráfico: Matheus Nagao
Capa: Fabio Oliveira
Imagem de capa: Kobra
Fotos de miolo: Malu Monteiro

Dados Internacionais de Catalogação na Publicação (CIP)
Angélica Ilacqua CRB-8/7057

Midlej, Aline
 De Marte à favela : como a exploração espacial inspirou um dos maiores projetos de combate à pobreza do Brasil / Aline Midlej, Eduardo Lyra. -- São Paulo : Planeta do Brasil, 2024.
 144 p.

ISBN 978-85-422-2714-7

1. Ciências sociais 2. Desigualdades sociais 3. Favelas I. Título II. Lyra, Eduardo

24-1958   CDD 300

Índice para catálogo sistemático:
1. Ciências sociais

Ao escolher este livro, você está apoiando o manejo responsável das florestas do mundo, e outras fontes controladas

2024
Todos os direitos desta edição reservados à
Editora Planeta do Brasil Ltda.
Rua Bela Cintra, 986, 4º andar – Consolação
São Paulo – SP – 01415-002
www.planetadelivros.com.br
faleconosco@editoraplaneta.com.br

"Raramente vi um país onde a elite tem tanto desprezo pelos pobres como o Brasil."
—Noam Chomsky

"A desigualdade reduz a mobilidade social e reforça vantagens e desvantagens ao longo de décadas. Fetichizar o mérito é estigmatizar os pobres e os culpar por sua condição."
—Olivier De Schutter

"Pobres são aquelas pessoas que precisam de muito pra viver."
—Pepe Mujica

"Quando escolhemos amar, escolhemos nos mover contra o medo – contra a alienação e a separação. A escolha por amar é uma escolha por conectar – por nos encontrarmos no outro."
—bell hooks

SUMÁRIO

PREFÁCIO A escolha pela conexão — 9

Introdução — 13

CAPÍTULO 1 Não pode haver gala sem favela — 21

CAPÍTULO 2 As favelas não são pobres, são empobrecidas — 27

CAPÍTULO 3 Favela Marte, a missão é aqui na Terra — 45

CAPÍTULO 4 Favela dos Sonhos: sonhar é um direito — 57

CAPÍTULO 5 Morro da Providência, a favela mais antiga do país começa a mudar — 71

CAPÍTULO 6 Vergel, do sururu ao Sururote — 83

CAPÍTULO 7 As experiências que inspiram — 97

CAPÍTULO 8 Pobreza, racismo e sustentabilidade — 117

CAPÍTULO 9 Sonhar é preciso, sonhar junto é revolucionário **129**

CAPÍTULO 10 O futuro já acontece **135**

POSFÁCIO A escolha pela conexão **141**

PREFÁCIO

A escolha pela conexão

Nem todo mundo sabe, mas minha relação com o Edu Lyra e minha estima por ele têm origem nos bastidores do *Caldeirão do Huck*, mais de dez anos atrás. Levado por uma amiga em comum, ele foi integrar a equipe de pesquisa do programa que eu apresentava à época na TV Globo. Era um rapaz muito jovem que, embora tímido, logo deixou evidentes seu engajamento e sua obstinação. Acabou ficando conosco menos tempo do que gostaríamos, porque já se movimentava na pista para alçar outros voos. Como nosso santo bateu, desde então cuidei de acompanhar cada passo da jornada dele. Durante a pandemia, ficamos especialmente próximos nas muitas iniciativas de apoio emergencial a comunidades que tiveram sua vulnerabilidade súbita e fortemente agravada. Fui com ele a São José do Rio Preto (SP) conversar com os moradores antes da desmobilização da Favela Marte, uma das frentes de implantação do audacioso projeto Favela 3D.

    Meu laço com Edu Lyra não é feito apenas de afeto e admiração. Partilhamos da indignação com as desigualdades, do compromisso com a causa social, da paixão pelo Brasil e da certeza de que não existe fórmula única para solucionar os profundos problemas dos territórios mais carentes. Há décadas, tenho a sorte e o privilégio de poder viajar pelo país e de ser recebido dentro da casa dos brasileiros. Pude visitar dezenas de favelas de todas as regiões. Vi de perto os problemas que seus moradores enfrentam. E vi de perto também a riqueza que seus moradores produzem (e, dadas as condições, podem produzir em escala muito maior!). Muito antes de a frase ser incorporada ao noticiário, eu já dizia e redizia que favela é potência —e não (só) carência. Faz tempo alerto para o fato de que a realidade das favelas é bastante complexa.

Toda estratégia de impacto social que se pretenda efetiva precisa respeitar a complexidade das favelas e encará-la com carinho, critério e coragem. É uma abordagem que dá muito trabalho. Posso testemunhar que, à frente da Gerando Falcões, Edu Lyra trabalha de modo incessante. Seja inspirando os moradores e colegas de ativismo, seja se desdobrando na agenda institucional com investidores e governantes, seja zelando para que os investimentos vinguem e rendam frutos. Com o Favela 3D, ele dá exemplo daquilo que o terceiro setor pode fazer de melhor: experimentar modelos, ser um grande incubador de políticas públicas e catalisar respostas à altura por parte do Estado, da iniciativa privada e da sociedade civil como um todo. Daí a pertinência e o senso de oportunidade deste livro escrito em parceria com Aline Midlej, jornalista competente, inquieta e assumidamente empenhada em ampliar seus repertórios e seu lugar de fala no enfrentamento de questões sociais. Um enfrentamento que, como ela própria lembra, precisa ser de todos nós.

Este DE MARTE À FAVELA: *como a exploração espacial inspirou um dos maiores projetos de combate à pobreza do Brasil* resgata a história de múltiplas privações das favelas. Relata com transparência a rotina de comunidades cada vez mais conscientes de suas capacidades. Reconhece a tenacidade do Edu Lyra em abrir caminhos para transformá-las. Reverencia a atuação firme e arrojada do Gerando Falcões. Registra com o devido detalhamento o resultado das experiências nas quatro comunidades impactadas pelo Favela 3D – os resultados já colhidos e, também, os que se desenham no horizonte. Mas, sobretudo, reverbera um chamamento de consciência e ação para a sociedade brasileira em torno de um pacto ético e mobilizador.

Aline Midlej e Edu Lyra acertaram em cheio na pauta, na apuração, na redação, na edição e no lançamento deste livro. E, de quebra, na feliz seleção de uma das frases de abertura, da escritora e teórica norte-americana bell hooks: "A escolha por amar é uma escolha por conectar –por nos encontrarmos no outro". Você, leitor e cidadão, não desperdice a valiosa chance de se conectar com as informações, os ensinamentos, as reflexões e a mensagem de amor contidos nestas páginas.

Luciano Huck

Introdução

Janeiro de 2023. Era para ser nossa conversa derradeira com o objetivo de fechar o livro e entregar o texto para a editora. Marcamos num café de São Paulo. Eu não sabia, mas Edu Lyra havia passado os últimos dias dormindo na Favela dos Sonhos – uma das quatro comunidades pilotadas pelo Favela 3D –, numa imersão em busca de respostas que explicassem alguns resultados que tinham vindo abaixo do esperado.

Ele havia construído uma casa naquele território para se manter conectado e dar o exemplo para as equipes de campo. Seu método era particular, corajoso. As conclusões levaram a decisões que foram, ao mesmo tempo, marcos e amostras do tamanho do desafio que é combater a pobreza, de forma efetiva, no Brasil. E digo sem titubear: para chegarmos além do presente, é imperativo olhar individualmente a complexidade do que levou cada brasileiro a chegar àquela situação. Um presente que já é diferente nas favelas onde a ONG Gerando Falcões (GF) coloca em prática, de forma articulada, mais de dez anos de experiência em centenas de territórios pelo país, para onde levou lazer, esporte e novas perspectivas, formando gente transformadora.

Edu me conta que o que eles pretendem aprimorar a partir de então é o ciclo de aprendizagem do Favela 3D: "Precisamos aprender mais rápido e aplicar os aprendizados. Isso é feito através de governança e empoderamento". Ele explica que, num trabalho social, há muitas camadas: os cientistas, que são os cérebros desenhistas da engrenagem, e aqueles que operam na ponta, diretamente com as pessoas assistidas. E completa: "Esse time que está na ponta tem que se ver como grandes realizadores, essa galera tem que ser muito empoderada e se sentir parte da mudança mesmo, como inventores, que estão criando caminhos alternativos à pobreza". Para ele, é preciso testar, errar e aprender mais intencionalmente.

Aos 35 anos, o maior empreendedor social do Brasil olha, sonha e acorda pensando em como tornar o programa Favela 3D replicável e mais barato. E faz balanços de sua maior aposta, que já demandou muitos investimentos. Só da Gerando Falcões, por exemplo, foram em torno de 31 milhões em pouco mais de dois anos de trabalho.

Nessa última conversa, ao vivo, Edu ainda recuperava a energia perdida com uma mudança que promoveu no papel dos assistentes sociais, mas falarei sobre isso mais adiante. Ele também estava animado por ter agendado as primeiras reuniões com gestores estaduais e com o governo federal, em busca de parceiros mais "graúdos" – outra demanda apresentada nos projetos pilotos.

Edu diz que para fazer um negócio social é preciso andar com dois chapéus: o do sorriso, abraço e inspiração, mas também o chapéu duro e mais difícil de se usar: o da cobrança de performance e resultado com base no que está errado.

A Gerando Falcões se autodefine como "um ecossistema de desenvolvimento social que atua para acelerar o poder de impacto de líderes – de favelas de todo país – que possuem um sonho em comum: colocar a pobreza das favelas no museu, antes de Marte ser colonizado. O projeto entrega serviços de educação, desenvolvimento econômico e cidadania, além de executar programas de transformação sistêmica em comunidades, como é o caso do Favela 3D, o foco deste livro. A ambição deles é chegar às 13 mil favelas do país, número mapeado pela organização. Até a publicação deste livro, a GF estava em mais de cinco mil e já havia formado setecentos líderes nesses territórios.

Minha visão de mundo – construída ao longo de quase vinte anos de carreira jornalística ambientada nas principais redações de televisão e com viagens para diferentes partes do mundo – se encontra com a de Edu Lyra. Principalmente no ponto de defesa de que as soluções possíveis para se combater a pobreza crônica brasileira passam por uma participação crucial do terceiro setor com uma sociedade mobilizada. É preciso provocar e expor o poder público com ações sustentadas que, sim, com persistência, chegarão a resultados.

Foi o que fez Wangari Maathai, a primeira africana a ganhar o Nobel da Paz[1] por seu trabalho nas agendas ambiental e social com as mulheres camponesas no Quênia. Numa entrevista que fiz com ela em 2010, na capital Nairobi, Wangari repetiu uma frase sua já célebre: "Os direitos humanos não são coisas colocadas em cima da mesa para as pessoas desfrutarem. São coisas pelas quais se luta e depois se protege".

No continente africano, ao longo de quase dois anos de viagens a uma dezena de países, solidifiquei um incômodo gerado em mim ainda na juventude: por que temos realidades tão distintas e injustas entre si? Como se construiu essa naturalização da privação nas sociedades contemporâneas? E como o acesso à informação pode ajudar a transformar esses cenários, ao mexermos com os agentes capazes de promover essa mudança?

Isso me moveu no jornalismo. E no interesse pelas artes também. Durante a escrita deste livro, estava em cartaz o filme *Marte Um*, brasileiro pré-indicado ao Oscar, aliás. Fui ao cinema assistir e enxerguei Edu Lyra na tela.

---

1. REVISTA GALILEU. Disponível em: https://revistagalileu.globo.com/Sociedade/noticia/2019/09/quem-foi-wangari-muta-maathai-primeira-mulher-africana-receber-o-nobel-da-paz.html. Acesso em: abril de 2023.

— Oh, filho, o seu sonho é mesmo ir pra Marte?
— É, pai.
— Marte deve ser longe pra dedéu, né? Uns cem mil quilômetros...
— Nada, pai, é bem mais.
— A distância da Terra até Marte é de aproximadamente sessenta milhões de quilômetros, pai.
— Deivinho quer participar de uma missão que chama Marte Um, colonizar o planeta.
— E como faz pra participar disso aí? Custa caro?
— Milhões de dólares, pai.
— Uai, a gente dá um jeito.

O diálogo acima é o encerramento do filme e se passa numa laje, com pai e filhos sentados em cadeiras de praia, olhando para o céu estrelado. É o encerramento de um enredo sobre o direito de sonhar e de ter esperança.

Quando vi a cena no cinema, me emocionei e me lembrei de Edu Lyra. O fazedor de sonhos. Até fisicamente os dois se parecem. Deivinho, um garoto longilíneo, preto e periférico, sonha em ser astrofísico e integrar uma missão de colonização de Marte. Mesmo que naquela realidade o pai nunca possa ajudar o filho (financeiramente) na empreitada, eles sonham e sonham juntos. E chegam a acreditar.

Edu Lyra, crescido numa favela de Poá, fez da luta contra a desigualdade uma missão de vida e, quando olha para Marte, não compreende como podemos estar perto de tamanha façanha científica quando ainda não garantimos o mínimo de dignidade para todo e qualquer ser humano no planeta Terra. Edu Lyra se incomoda, não se conforma e se mexe. Sua inquietude perspicaz já mexeu nas carteiras mais cheias de dinheiro deste país, mas ele sabe que é preciso transformar consciências.

"É hora de abandonar o hábito ancestral de competir em vez de colaborar, de acumular em vez de compartilhar." Essa frase do biólogo e neurocientista Sidarta Ribeiro nunca mais saiu da minha cabeça depois de ouvi-la, pela primeira vez, durante uma conversa que tivemos na Globo News.

Vivíamos o auge da pandemia de Covid-19 e, quando li seu livro *O Oráculo da Noite*, me pareceu urgente falar sobre a importância dos sonhos. Sidarta ficou mundialmente conhecido por seus estudos sobre sono, sonhos e memórias e tem defendido que a incapacidade de pensarmos outros futuros e presentes possíveis se dá pelo abandono dos sonhos.

Sonhamos cada vez menos. Quando conseguimos, não nos atentamos aos sonhos. A demanda de performance e uma ideia (distorcida) de êxito individual atropelam tudo, deixando perdida, em algum lugar de nós, a inspiração para uma visão mais coletiva, com perspectivas melhores para todo o mundo.

A fórmula não está dando certo. O mundo fadiga em recursos naturais, a acintosa concentração de renda se amplia e a gente não se incomoda, enquanto adoece mais um pouco. Edu Lyra sonha o dia inteiro e realiza o dia inteiro, mesmo sem perceber. Sidarta Ribeiro também sempre lembra que as grandes lideranças da Amazônia conduzem seus povos por meio dos sonhos que os auxiliam na prevenção de situações de violência. Edu Lyra lidera, faz ponte, aproxima e mobiliza... sonhando.

Como me disse Jorge Paulo Lemann: "Edu pensa grande, corre atrás, é um fanático por fazer acontecer. Descobriu seu poder de encantar. Sonha grande, mas tem noção da dificuldade de execução e, para isso, sabe que precisa de uma retaguarda e uniu gente com gabarito".

Em uma de suas muitas reflexões sobre o poder do afeto como arma revolucionária, a escritora bell hooks disse: "Ser oprimido significa a ausência de escolhas".[2] E o Brasil tem, neste momento, um número cada vez maior de brasileiros sem escolhas.

Assim, as primeiras perguntas, entre as muitas que este livro trará, são: o que estamos fazendo diante disso? Nos importamos? Até onde essa indiferença nos trouxe para um lugar de indignidade crônica e onde todos perdemos ao naturalizarmos a miséria?

Um levantamento de 2022 do MapBiomas, feito com imagens de satélite captadas em quase quarenta anos, mostra que as favelas crescem em

....

2. HOOKS, bell. *Teoria feminista*. São Paulo: Perspectiva, 2020.

ritmo acelerado e já ocupam uma área equivalente a três vezes o território de uma cidade como Belo Horizonte. Uma boa parte dessas comunidades é erguida sob áreas de risco, deixando as populações sob muitas camadas de vulnerabilidade em função, também, de uma emergência climática que já gera debates aprofundados sobre temas como o racismo ambiental, coisa que também abordarei no livro.

Na medida em que se ampliam os territórios excluídos das dinâmicas das cidades, cresce o número de brasileiros à margem de seus direitos, da sua cidadania. E, mais que um direito, cidadania é sobre oportunidade. São números que são gente, em diagnóstico de exclusão e potência.

Outro levantamento mais recente, feito em 2023 pelo IBGE, mostra que são mais de 17 milhões de pessoas vivendo em favelas no país, em cerca de 14 mil comunidades – um grupo que, a despeito da negligência histórica do poder público, é cada vez mais engajado e potente, porque tem ampliado a própria consciência sobre suas capacidades.

No entanto, é importante reforçar que esse potencial depende de estímulos. Se o Brasil quer ser grande nesta década, tem uma lição de casa: investir nas favelas. Vivemos num contexto social disfuncional, sendo obscena a indiferença naturalizada diante da concentração de renda e injustificável a ineficiência histórica no enfrentamento desse problema. A única forma de sobrevivência neste planeta é por meio da colaboração na construção de pontes.

Para isso, é preciso que o país tome uma decisão política, ética e moral. O modelo que o projeto Favela 3D já comprou que funciona une forças de governos, sociedade civil, universidades, empresas, *startups*, ONGs e favelas, mantendo o morador no centro das decisões. A mudança é feita de dentro para fora, de baixo para cima.

Em mais de dez anos de trabalho – tendo já alcançado mais de seis mil comunidades brasileiras – a Gerando Falcões acumulou dados e expertise únicos, que englobam desde compreender e atestar a fundamental participação das lideranças locais (fortes e capacitadas) à sustentação dos resultados.

O Favela 3D mostra que as ferramentas necessárias já existem. E o que Edu Lya faz é provar que é possível. Ele traz atenção para isso com inovação, com tecnologia. Para a SpaceX, de Elon Musk, decolar como a primeira espaçonave de tripulação de civis a viajar pela órbita espacial em 2021, houve muito investimento em dados, em ferramentas tecnológicas que reduzissem danos e otimizassem a performance e os resultados. Da mesma maneira, é preciso começar, fazer, testar, acumular resultados e multiplicar.

A pobreza não deveria existir. E o sucesso do combate à pobreza não é acabar com a favela, mas, sim, ressignificar a experiência do morador desse espaço e de quem vive no asfalto. O morro já produziu e ainda produz muita riqueza nacional, e é a solução que precisa ser potencializada para o Brasil.

Portanto, este livro já começa com uma primeira conclusão: o Brasil precisa entregar um novo modelo de desenvolvimento humano para extrair a pobreza da vida das pessoas.

A partir de agora, convido você a sentar-se à mesa conosco. Não importa em quem você já votou, seu compromisso com a justiça social nos une numa missão comum. Cada um de nós, com o recurso disponível, tempo, dinheiro, conhecimento, pode e deve participar dessa mudança para, finalmente, reverter a dívida histórica com os mais pobres.

Para isso, é imperativo achar um caminho de repensar nossas escolhas e abrir mão de alguns privilégios. É necessário encarar a omissão, o preconceito, o racismo, entre tantos valores e visões distorcidas e estereotipadas. Apenas enfrentando o problema juntos conseguiremos sair dessa encruzilhada.

Sugiro começar sentindo o desconforto do seu conforto.

Este é um livro inédito e que ainda não existirá mesmo depois de pronto. Entre numa livraria e tente encontrar uma obra que fale sobre como um grupo de jovens de favelas se formou para vencer a pobreza, para fazer um experimento de inovação social, para derrotar aquilo que nunca deveria ter existido. Você não encontra. E este será um livro em constante atualização. É o livro do ponto de partida, de criação da historicidade, ainda inédita, baseada em fatos reais e métricas inovadoras. Logo, é uma tentativa única de contribuir com o debate de forma pragmática e agregadora.

A história do combate à pobreza já foi escrita e catalogada a partir de um ponto de vista mais acadêmico, com pesquisas e teses – o que é valioso e insubstituível –, mas as próximas linhas buscam traduzir esses dados de forma acessível, executada e experimentada. O Favela 3D talvez não seja a solução definitiva, mas é uma grande provocação para o Brasil.

O filme *Marte Um*, que mencionei antes, retrata os sonhos da periferia brasileira, um esboço do que podemos ser se pudermos sonhar sobre as nuvens de algum realismo. Mostra a dificuldade dos pretos e favelados para saírem de uma condição de subserviência, mas sem marginalizá-los, sustentando suas capacidades e, acima de tudo, mostrando o poder do afeto e da família diante das adversidades.

Ao final, lá está o protagonista, Deivinho, na laje de casa, olhando o planeta Marte pelo telescópio, todo montado com peças de um ferro-velho da vizinhança. Através dele, se enxerga um futuro. E aqui, neste presente, temos Edu Lyra, com sua nave de engajamento, captando novos tripulantes para esta que deveria ser a grande missão da humanidade: dignidade para todos.

Em meus vinte anos de jornalismo, uma parte deles viajando pelo Brasil e para dezenas de países pelo mundo, fica evidente que há canais pelos quais a pobreza é perpetuada, principalmente em áreas como saúde, educação, habitação e emprego. Quem nasce em famílias pobres tem menos acesso a áreas essenciais, o que reduz muito a chance de se libertar dos ciclos viciosos de exclusão geracional.

Quero estar viva e atuante no jornalismo a tempo de noticiar que entramos na lista dos países que superaram a indigência extrema. Só depende de nós, como você verá nas próximas páginas.

Bem-vindo a este MANUAL PROVOCATIVO para a construção de uma NOVA BÚSSOLA MORAL.

> "Nunca houve uma ideia inovadora que antes de acontecer não tenha sido zombada."
>
> —Edu Lyra

CAPÍTULO 1

Não pode haver gala sem favela

Subsolo do Hotel Rosewood, 25 de agosto de 2022.
7ª Edição do Favela Gala, jantar e leilão em prol da Gerando Falcões.
No telão, a mensagem: você foi convocado para essa missão.

"A gente tem que dar [para os outros] o que a gente quer pra gente, dar de educação o que a gente quer de educação para os nossos filhos; não vamos dar o que está sobrando, mas dar o [mesmo] que a gente quer pra gente", conclamou Regina Casé diante de uma parte do PIB nacional, em São Paulo. Minutos antes, o publicitário Nizan Guanaes falava do que seria uma noite de sonhos com gente que sonha e realiza. Era um chamamento a quem ele chamou de elite responsável. Para essas pessoas, Edu Lyra, a autoridade moral daquele encontro de gala e sem favela, tinha um recado sobre entrega de VALOR:

"Existe um caminho alternativo pra gente trilhar. As mudanças podem vir da sociedade civil que se organiza, se junta, pra vencer a pobreza. Vocês

não podem permitir que as empresas, as famílias de vocês, se distanciem do Brasil real, da ponta. Vocês criaram seus filhos com tudo do melhor, fizeram deles ricos, sem aprender a viver em comunidade. É o que precisamos aprender pra mudar o Brasil. Há meses a gente come enquanto o Brasil não come. Acredito que a gente consegue mudar o Brasil, mas não quero uma elite culpada, mas uma elite que entende a responsabilidade de construir oportunidades".

Enquanto Edu falava, as maquininhas de cartão passavam pelas mesas que custaram entre 10 e 50 mil reais. O pedido, que passava pelas doações, mas que ia além delas, era por uma mudança de mentalidade.

Em seu discurso, Lyra explicava que há uma diferença entre honra e dignidade. Enquanto você é capaz de conquistar a honra lutando como um gladiador, para se ter dignidade é preciso ter oportunidade. E a falta de dignidade em qualquer lugar afeta e constrange a cidadania. Mesmo em uma sala de gala como aquela. "A cidadania é mais do que o cartão de visita do CEO, CFO, mais do que diploma ou conta bancária cheia; é sobre ter coragem de colaborar, de fazer a coisa certa, é sobre transformar o Brasil. A gente precisa se aproximar dos lugares que mais precisam e entregar o que a gente tem de melhor."

A partir da experiência acumulada em mais de dez anos, a Gerando Falcões passou a entender que sua missão era mostrar para o poder público as soluções possíveis e advindas de uma mobilização de diferentes setores da sociedade. Levantando doações e parcerias, acumulando conhecimento e expertises, apresentando protótipos de desenvolvimento social com capacidade de ganhar escala.

O Favela 3D é a versão mais bem acabada desse propósito que vem sendo amadurecido com muita experiência e um banco de dados inestimável diante da complexidade de compreensão e de combate à pobreza.

Na sétima edição do Favela Gala, as doações chegaram a 20 milhões entre doações monetárias, de itens, mídia e parcerias, um novo recorde. Tanto os investidores mais longevos quanto os recém-chegados foram convidados a uma lavagem cerebral sobre seus lugares e papéis, até para que a vivência não seja apenas mais um remédio para aliviar dores morais.

Durante o evento, conversei com Jorge Paulo Lemann, famoso empresário suíço-brasileiro, que me deu suas impressões sobre o comportamento atual da elite do país: "Acredito que a elite está mudando, querendo se juntar, participar mais ativamente das questões do país. Está mais engajada, um puxa o outro. Há um movimento interessante dos filhos dos milionários, os herdeiros, tenho os visto com mais frequência em encontros e reuniões, especialmente as meninas, que não aceitam mais herdar tanto dinheiro e não fazer nada pelo Brasil".

Edu Lyra considera que já há uma transformação de mentalidades, mas gradual e que precisa ser observada, confrontada diariamente, pra que a cultura do privilégio mude. Para ele, é claro que mais mudança precisa ser feita com os parceiros civis: "Preciso usar o capital social que a Gerando Falcões construiu, a força que eu tenho entre os empresários mais ricos do país, fazer essa amarração pra influenciar as canetas mais pesadas, dos governantes. Só assim vamos conseguir criar uma política pública efetiva de erradicação da pobreza".

Edu acredita que poder econômico é poder político, e é preciso tornar o Favela 3D cada vez melhor e mais simples, para que o projeto possa ser copiado em diferentes meios e, assim, mobilizar o PIB do país e a sociedade civil a influenciar a caneta dos mais poderosos. Ele sente que tem uma responsabilidade imensa, porque há uma quebra de paradigmas; com ele, alguns empresários e seus filhos pisaram em uma favela pela primeira vez sem sentirem que precisavam levar seus seguranças. Para Edu, esse primeiro passo já é uma experiência transformadora.

Na engrenagem da Gerando Falcões, as doações são o combustível e o compromisso real com a inclusão é o motor mais potente, que alcança distâncias maiores em menos tempo. Edu Lyra sempre diz que a GF tem um prazo de existência porque, enquanto ela existir, significa que a pobreza perdura e que o trabalho ainda se faz necessário. Os jantares beneficentes também precisam de uma contagem regressiva para acabar, porque também representam as bolhas violentas da concentração de renda, por mais que estejam cheias de boas intenções.

Uma pesquisa do IBGE[3] aponta que o 1% mais rico ganha 38,4 vezes mais renda do que os 50% mais pobres, e esse abismo vive uma tendência de ampliação. Não é mérito, é uma exclusão sistêmica que nos demanda o estudo dos últimos quinhentos anos da nossa história. Quando Edu fala sobre fazer a coisa certa, é sobre olhar para uma nação que é a décima economia do mundo, uma potência agrícola produtora de alimentos, abundante em biodiversidade e reservas naturais, imensamente rica, mas também imensamente miserável quando aceitamos conviver – a distância, claro – com uma fome que afeta mais de 33 milhões de pessoas.[4]

Nosso índice de desenvolvimento humano está pior do que o de países latino-americanos como Uruguai, Peru, Argentina e Chile.[5] Por outro lado, o setor empresarial, além de rico, é poderoso; assim, ele pode e deve somar às missões da Gerando Falcões, usando esse poder com os tomadores de decisão. Também pode e deve usar sua influência para tornar a pauta social uma prioridade para os governantes, com o objetivo de que o Brasil seja mais do que apenas uma potência econômica. E, no campo econômico, o setor empresarial deve visar a uma gestão exemplar na área ESG. Coerência é prática.

Mas vamos voltar à noite do Favela Gala, quando o presidente do banco Bradesco, Luiz Carlos Trabucco, assumiu o púlpito para falar sobre a urgência de termos aprovada no Congresso Nacional uma Lei de Responsabilidade Social: "É uma questão de Estado, não de governo. É preciso ter métricas pra combater a pobreza. Só o que for medido pode ser avaliado. Se isso não for feito, nos sentiremos sempre no Brasil do presente e não do futuro". Confesso que cheguei a sonhar acordada, naquele instante, com uma imagem da caravana dos banqueiros em Brasília pra esse lobby revolucionário.

---

3. INSTITUTO BRASILEIRO DE GEOGRAFIA E ESTATÍSTICA. Pesquisa nacional por amostra de domicílios contínua. Estatísticas sociais, 2021.
4. REDE PENSSAN. Inquérito Nacional sobre Insegurança Alimentar no contexto da pandemia da COVID-19 no Brasil. Rio de Janeiro: Rede Penssan, 2021.
5. UNDP, United Nations Development Programme. Human Development Report 2021-22: Uncertain Times, Unsettled Lives: Shaping our Future in a Transforming World. NEW YORK: UNDP, United Nations Development Programme, 2022.

Trabucco aproveitou para dizer que aprendeu com o "Dignômetro" – sobre o qual explicarei melhor nos próximos capítulos – do Favela 3D que o pavimento de um combate sustentável da pobreza é um acompanhamento rigoroso e orgânico das evidências. Nos próximos capítulos, você entenderá o papel crucial que as evidências resultantes de um acompanhamento rigoroso orgânico e de base científica têm no combate sustentável da pobreza.

Se nos planos de Elon Musk está embarcar na SpaceX e chegar até Marte em menos de dez anos, que a gente desafie o futuro neste instante. A maior ambição interplanetária deve ser tornar a Terra o lugar mais legal de todas as galáxias. Riqueza temos de sobra, mas a estamos perdendo em cada brasileiro quando seus talentos não têm a chance de se desenvolver.

No leilão do Favela Gala, teve lance alto para as raquetes do Roger Federer e da Serena Williams e para camisas de futebol autografadas, mas o bem mais precioso foi a oportunidade de construir uma nova camada de conscientização nas estruturas emocionais de quem pode fazer a diferença com "carteiras e corações abertos", como bem colocou Nizan, pra quem os insensatos são os motores das grandes transformações. "O homem sensato tenta se adequar ao mundo e o insensato faz com que o mundo se adeque a ele. O progresso se deve aos homens insensatos. Viva a insensatez vigorosa", disse ao microfone no esquenta para o leilão.

O que as pessoas podem fazer com tanto poder? Como mudar essa máquina que sempre manteve os privilégios? Enquanto penso, ouço o lindo coral da Gerando Falcões cantando Jota Quest.

"... dias melhores pra sempre."

> "A Favela 3D é uma provocação ao Brasil, um chamamento à coragem. E se tudo virasse um programa de Estado, com orçamento ilimitado?"
> —Edu Lyra

CAPÍTULO 2

As favelas não são pobres, são empobrecidas

O Favela 3D aponta a direção da riqueza compartilhada.

No período em que escrevia este capítulo, noticiei na Globo News o aumento da extrema pobreza durante a pandemia. Desde 2012, não havia um número tão alto de pessoas em situação de miséria.[6] Estamos falando de um salto de quase 50%.

Imagine que três entre cada dez brasileiros passaram a viver abaixo da linha da pobreza. Pelos critérios do Banco Mundial, são consideradas extremamente pobres famílias com renda menor que US$ 1,90 por dia, o equivalente, na época, a um valor per capita mensal de R$ 168,00. Quem passou horas diárias naquela cobertura dura do coronavírus já

---

6. NALIN, Carolina. Renda dos mais pobres cai à metade desde 2012. Entre os mais ricos, perda foi de 7%. *O Globo*, Rio de Janeiro, 13 ago. 2023. Disponível em: https://oglobo.globo.com/economia/noticia/2022/06/renda-dos-mais-pobres-cai-a-metade-desde-2012-entre-os-mais-ricos-perda-foi-de-7percent.ghtml. Acesso em: abril de 2024.

dimensionava a catástrofe social em andamento, mas agora o IBGE coloca luz e um novo alerta sobre a urgência de uma mobilização nacional.

Lembro-me de uma imagem marcante na Praça da Sé, em São Paulo, com centenas de pessoas em situação de rua, numa fila sem fim, aguardando a entrega de marmita. Ruas esvaziadas do cotidiano, mas cheias de indulgência. A pobreza ficou exposta. A pandemia escancarou nossa escolha de não adotar como projeto de país o combate à exclusão. Água limpa, recurso fundamental para a higiene contra o vírus, estava ausente para quase 35 milhões de brasileiros, segundo o Instituto Trata Brasil.[7] Um absurdo injustificável no país com a maior reserva de água doce do mundo.

Por outro lado, a solidariedade emergencial se fez presente com recordes iniciais de arrecadação, que depois foram diminuindo. O que não arrefeceu foi a organização das favelas, que deram exemplo de autogestão durante a emergência sanitária.

Diante de avalanches de desinformação e ausência crônica do poder público, organizações comunitárias se esforçaram para levar informação confiável em uma linguagem acessível aos moradores. Não é coincidência, portanto, que hoje, em todas as comunidades pilotadas pelo Favela 3D, a comunicação é vista como um investimento emancipatório. Porque é. Comunicação é porta de acesso ao conhecimento acerca de direitos e legitimidades.

D de Digital
D de Desenvolvida
D de digna

De escala a Gerando Falcões entende. Uma década atrás, o projeto saiu de uma favela, na Grande São Paulo, para, em 2022, estar atuando em mais de seis mil, como mencionei antes. É uma presença em 42% do território

---

7. INSTITUTO TRATA BRASIL. Com quase 35 milhões de habitantes sem água, Brasil precisará mais que dobrar investimentos para universalizar o saneamento. Disponível em: https://tratabrasil.org.br/com-quase-35-milhoes-de-habitantes-sem-agua-brasil-precisara-mais-que-dobrar-investimentos-para-universalizar-o-saneamento/. Acesso em: abril de 2024.

de comunidades no Brasil. Nessa caminhada, a ONG formou mais de mil lideranças locais – talvez o componente de reposição mais difícil nessa engrenagem de desenvolvimento humano.

Durante a pandemia, 100 milhões de reais arrecadados garantiram a alimentação de 1,5 milhão de pessoas. Esse período de emergência sanitária sem precedentes na história recente colocou o mundo para pensar. Na GF não foi diferente. A organização olhou para tudo o que havia sido desenvolvido em todo esse tempo, em termos humanos, materiais e tecnológicos, e decidiu desenvolver uma metodologia inédita e adaptável à realidade de cada favela e com potencial de multiplicação. O projeto piloto já está em quatro territórios, com perfis distintos, e o plano é chegar a mil Favelas 3D. Oportuno dizer que o número de favelas só cresce, chegando a quase 14 mil.[8]

Edu Lyra sempre diz que não há um caminho exato para chegar aonde quer: "Eu nunca sei 100% o que fazer pra chegar lá, mas sei uns 60% e que a outra parte a gente consegue, caindo, levantando e descobrindo como alcançar. Montamos times com talentos da favela e do mercado. A gente está entregando e criando valor pra sociedade". E, assim, ele segue sem desistir.

Onze anos foi um tempo razoável para a GF amadurecer e fincar raízes de relacionamento fortes com parceiros que ajudaram a pensar e a viabilizar o Favela 3D. Um deles foi o Instituto Tellus, uma organização que viria a se tornar a primeira agência de inovação social e design de serviços públicos no país.

Fato é que os caminhos dessa gente que gosta de fazer da carreira o "fazer o bem" vão se cruzando. O ano era 2011, o local, Global Shapers – uma iniciativa do Fórum Econômico Mundial que reúne jovens com perfil de liderança envolvidos em algum trabalho social, empresarial ou político e tem um objetivo de fomentar e estimulá-los a liderar transformações nos seus países.

Germano Guimarães estava empreendendo no Instituto Tellus, e o Edu, criando a Gerando Falcões. Avançando para 2020, no auge da pandemia. Edu já confabulava a criação de uma iniciativa de impacto sem precedentes, quando o telefone tocou e Germano compartilhou alguns resultados de um projeto que trabalhava competências socioemocionais para jovens em vulnerabilidade na

....
8. INSTITUTO DATA FAVELA. Um País Chamado Favela: 2023.

periferia de São Paulo. Edu, então, rapidamente partilha de um desafio que se desenhava: acabar com a pobreza numa favela – a Favela Marte – de São José do Rio Preto, com cerca de 250 famílias, 600 moradores.

A conversa seria o embrião da metodologia central desse grande laboratório que a Favela Marte se tornou. A Mandala de Impacto Social tem oito pétalas, ligadas às raízes da pobreza, que traduzem as principais demandas, sempre a partir da compreensão de que a pobreza é multidimensional.

Algumas raízes são visíveis, como a habitação e o urbanismo, a geração de renda e a educação, mas há também a primeira infância, a cultura, o esporte e lazer, o meio ambiente, a saúde, a paz, a cidadania. E, no centro de tudo isso, temos as famílias, as pessoas. Na base desse acompanhamento é que está o *Programa Decolagem*,[9] desenvolvido para criar trilhas individuais de superação da miséria. Cada família tem a própria trilha. Tellus aproveitou a experiência de ter feito mais de 250 projetos ao longo de doze anos de inovação para contribuir na criação desse modelo inédito.

Nina Rentel Scheliga, diretora do Favela 3D, conversou comigo sobre a importância do *Programa Decolagem*: "A individualidade vem no nível favela, com todos participando desde o início. A favela precisa participar e, com o *Programa Decolagem*, o grande diferencial é termos dados e o olhar individual família por família. A cada mês, vemos se as coisas estão mudando. Essa é a grande tecnologia por trás do Favela 3D. Ainda está acontecendo, mas eu consigo avaliar enquanto acontece e melhorar. Aí entra a tecnologia efetivamente pra tornar humanamente possível".

No imenso desafio de traduzir essa etapa de implementação, escolho uma palavra: PROFUNDIDADE. Justamente o que não acontece nas atuais políticas de governo é a orientação que consta no guia de ações da GF. Não há conhecimento de territórios nem das histórias de cada um com aprofundamento, nada que ligue as pontas que expliquem ciclos de exclusão que se repetem por gerações: violência doméstica, falta de educação financeira, alcoolismo,

---

9. Nota da autora: O *Programa Decolagem* foi construído a oito mãos para um desafio da Fundação Lemann e, depois, foi implementado pelo Favela 3D.

crises temporárias não superadas, baixa escolaridade e depressão, por exemplo. Todos esses são traços marcantes e recorrentes na trajetória das famílias que vivem hoje na pobreza.

A implementação da Mandala

Os indicadores da Mandala de Impacto Social foram criados pela Kayma Labs, uma organização especializada em soluções de interesse público por meio da economia comportamental. A partir das respostas coletadas por eles se construíram jornadas individuais para cada família, sempre guiadas pelas soluções levantadas na Mandala.

Esse modelo de implementação contou com a expertise de outro grande parceiro da Gerando Falcões, uma das maiores empresas de solução tecnológica do país: a Accenture. Coube a ela a formação do *Programa Decolagem*. Um trabalho conjunto e, por isso, inovador na forma de unir conhecimentos a serviço da transformação social. Aliás, os indicadores elaborados com a Kayma também produzem o Índice Gerando Falcões, a grande inovação de medição de pobreza da ONG.

Conversei com Kleber Alencar, diretor da Accenture, que vê na Mandala uma ferramenta de extrema importância e que pode ser replicada em qualquer lugar: "Essa é uma tecnologia que poderia ser exportada para qualquer lugar onde você quer acabar com a pobreza. Você vai conhecer a família, você tem uma Mandala da família, você tem uma Mandala do território, você desenha, com a família, qual vai ser a jornada dela para sair daquela situação. A jornada para sair da pobreza envolve todas as pétalas da Mandala. De pétalas ligadas a coisas básicas, como cidadania, passando pela parte de equipamentos públicos, de acesso a serviços públicos, de condução de assistência social, de saúde, de escola, de creche. Tudo isso".

Para ele, a base de tudo é a renda, porque é uma das coisas que mais entregam dignidade. Assim, você pega essa renda e constrói com cada família como ela vai percorrer os caminhos de forma que as transformações em cada pétala sejam tão intensas, duradouras e perenes que ela nunca mais volte para trás. "Por isso que a gente fala que o *Programa Decolagem* é um projeto de graduação das famílias para sair da pobreza. A gente quer construir um negócio, a partir do Favela 3D, que a pessoa nunca mais volte a ser pobre. Então, você transformou o território, você transformou a vida, você transformou todas as pétalas da Mandala."

No projeto, a Accenture tinha o desafio de viabilizar uma execução simples da inovação tecnológica, colocar o método em prática, num aplicativo, de forma tecnologicamente viável, simples, para que os assistentes sociais, em qualquer favela do país, pudessem usar.

Técnico utilizando o aplicativo para atualizar as informações da família.

Representante da família com a documentação da Mandala para ser atualizada no aplicativo desenvolvido pela Accenture.

No Mapa da Nova Pobreza[10] divulgado pela FGV Social em julho de 2022, o contingente de pessoas com renda domiciliar per capita de até R$ 497 mensais atingiu 62,9 milhões de brasileiros em 2021, quase 30% da população. Segundo o estudo, com base em dados do IBGE, entre 2019 e 2021, quase 10 milhões tiveram sua renda comprometida e ingressaram no grupo de brasileiros que vivem em situação de pobreza.

"A pobreza nunca esteve tão alta no Brasil quanto em 2021, desde o começo da série histórica da PNADC em 2012, perfazendo uma década perdida. Demonstramos neste trabalho que 2021 é ponto de máxima pobreza dessas séries anuais para uma variedade de coletas amostrais, conceitos de renda, indicadores e linhas de pobreza testados", destacou o economista Marcelo Neri, diretor do FGV Social na época.

Durante a realização deste livro, me dei conta de que o Brasil sequer tem um Índice Nacional que meça e acompanhe a pobreza no país. Não existe um banco de dados centralizado e que se integre aos estados e municípios. É preocupante.

Na tentativa de compreender como isso poderia ser mensurado, também conversei com Kleber Alencar sobre essa minha percepção. Ele, então, compartilhou comigo que os indicadores são pontuais e medem apenas uma determinada situação. Como se estivéssemos falando de uma fotografia. "Você tem muitos indicadores, mas são indicadores de foto. Então, você tira uma foto hoje. Qual é a situação em que está a pessoa? Essa comunidade, essa pessoa, essa favela estão desse jeito. Daqui a um ano, você tira outra foto. Mas isso é um problema para quem está neste nível social."

Para ele, o ideal seria que trabalhássemos com uma tentativa de captar o cenário mais como um filme do que como algo estático. "Você precisa ter um filme, não uma foto. Você tem que falar 'Qual é o filme da vida que nós vamos monitorar?'. Aí, quando você constrói a jornada, é viver o fundamento do Favela 3D sendo entregue na vida real, ao longo do tempo."

Isso me fez refletir. Quais são essas novas favelas que surgem? Qual é a favela mais pobre do país? Por que as políticas até aqui não funcionaram de

---

10. NERI, Marcelo C. Mapa da Nova Pobreza. Rio de Janeiro, RJ – junho/2022 – FGV Social.

forma sustentada? A favela precisa entrar de vez nos orçamentos públicos, com transversalidade. É imperativo repensarmos nossa relação com esses espaços, a começar pelas autoridades, porque a pobreza convence.

"Muitas dessas pessoas não estão prontas para dar o primeiro passo. Já foram convencidas pela pobreza de que aquilo é a vida delas. Não entendem que aqueles barracos são o momento em que elas estão, não o que elas são. É como mexer numa casa de marimbondo." A frase de Amanda Oliveira, do Instituto As Valquírias, é uma aula em quatro linhas de quem vive organicamente essas realidades depois de superar a própria.

Ela é uma das lideranças na Favela Marte e é a personificação do poder das lideranças locais nas quais a GF tanto aposta no modelo Favela 3D. Nascida numa favela, Amanda driblou a pobreza e viu sua vida ser transformada por meio das oficinas de música, um projeto social ministrado por uma professora chamada Valquíria. Fiel à sua história e a quem lhe deu a mão nessa jornada, fundou o Instituto Valquírias World, uma holding de iniciativas que funciona como distribuidora de oportunidades para o público feminino, impactando anualmente a vida de mais de 150 mil meninas, mulheres e seus filhos. O reconhecimento já vem em muitas formas, inclusive internacionalmente. "Tenho certeza de que vim ao planeta Terra para cumprir uma missão. Estou trabalhando incansavelmente para isso", ela me diz.

Amanda defende que quando você educa uma menina, você educa uma nação. Quando você investe em uma mãe, você investe em três, quatro ou até cinco crianças de uma única vez. "Uma mulher forte se desenvolvendo social e economicamente protege seus filhos. Emancipar uma mulher é emancipar até cinco crianças. Temos que ser mais espertos que a pobreza e fazer conta; com essa conta impedimos que a pobreza se torne geracional." E eu não poderia concordar mais.

Apesar de não estar entre as mãos de duas mil lideranças formadas na Falcons University, sendo liderança de uma ONG acelerada da GF, ela se desenvolveu como empreendedora social e conseguiu multiplicar o trabalho que havia iniciado. Ainda mais madura, teve olhos preparados para o desafio de implementar o Favela 3D em Marte, que, sem dúvida, é a maior peça publicitária do projeto.

Os efeitos dessa formação de lideranças – nos resultados – é um ponto crucial para entender a cultura da Gerando Falcões. Quem explicou isso melhor foi o Lemaestro, confundador e COO da Gerando Falcões: "Depois de dois anos atuando com ONGs pelo Brasil, a gente entendeu que tinha que mudar o formato, tanto de capacitação dessas organizações como também de acompanhamento. Então resolvemos, em 2019, fundar a Falcons University. Criamos um processo escalonável de formação de líderes, com um mecanismo híbrido, com aulas presenciais e online. A meta era, em quatro anos, formar quinhentos líderes, mas lançamos a Falcons em 2020 e fomos entendendo maneiras mais eficientes de fazer isso a distância".

Lemaestro me contou ainda que lançaram a Falcons em março de 2020 – quinze dias antes de a pandemia estourar no mundo. Por conta disso, eles precisaram mudar o *modus operandi*, mas, por fim, acreditaram que foi uma mudança positiva, já que precisaram aprender como fazer tudo com mais rapidez, eficiência e qualidade. "Hoje, em vez de quinhentas, a gente tem 1.300 lideranças embarcadas, presentes em seis mil favelas, e acredito que, ao final dos quatro anos que tínhamos planejado, a gente já esteja presente em 80% das favelas."

Mais importante do que O QUE(?), é COMO(?) e, pra isso, OUVIR e construir JUNTO é inegociável. O diálogo é visto como uma conquista que destrava a cabeça das pessoas pra elas acreditarem. Entre elas estão todos os agentes dessa grande agenda colaborativa de combate à pobreza, mas, primordialmente, as populações empobrecidas e recorrentemente enganadas, negligenciadas pelos gestores públicos, salvo pouquíssimas exceções que também serão celebradas neste livro.

Intervenções físicas e humanas

Quando vejo o sucesso de projetos como esses de que falei até aqui, tenho cada vez mais certeza de que o Brasil precisa endereçar uma solução para esse desafio e fazer o que é certo: vencer a pobreza.

Em 2022, o planeta chegou a oito bilhões de habitantes. Somos oito bilhões de cabeças para pensar caminhos. É aí que entra o Favela 3D, desenhado para nos fazer pensar em como usar o potencial da favela e imaginar uma nova favela, digital e digna, onde a pobreza não exista mais. A tecnologia utilizada no projeto, além da parte de construção das métricas, é pensada na perspectiva da sustentabilidade, tornando esses espaços centros de inovação e empreendedorismo para as cidades. A Favela Marte, por exemplo, caminha para ser a primeira do país movida, exclusivamente, a energia solar. Essa já é uma vocação da favela, onde a cultura é trabalhar junto e transpor dificuldades com criatividade e união. Assim, a periferia e sua potência ficam e a pobreza sai.

Enquanto alguns criam uma ciência de foguete, extremamente avançada, para ir para Marte, é preciso reunir o que há de mais inovador na ciência e na tecnologia hoje, no mundo, para combater a pobreza e aplicar na pobreza. É a CIÊNCIA DO FOGUETE NA ÁREA SOCIAL.

Na prática, o Instituto Tellus fez uma vasta pesquisa dos projetos no Brasil e no mundo que contribuíram para acabar com a pobreza em algum aspecto. A partir disso, foi feito um levantamento de evidências científicas. Foram essas evidências que abasteceram os parâmetros de acompanhamento da Mandala de Impacto Social, os quais abordarei a seguir:

Saneamento básico Quando uma pessoa tem saneamento básico, ela fica menos doente, com mais saúde, mais produtiva, e isso tudo gera uma espiral virtuosa.

Casa Diversos estudos mostram que quando as famílias conseguem uma casa de programas habitacionais, elas têm mais chances de sair de um processo de empobrecimento.

Educação Quanto maior o tempo de educação, de exposição de anos/aula que um jovem, uma criança ou um adulto tem, maior a renda. Então, se um dos componentes da pobreza é a renda, é preciso ir atrás de educação para essas pessoas.

Renda Quanto maior a educação, maior a renda. Isso está comprovado. Então um dos focos deve ser colocar as crianças dentro da escola e fazer os adultos estudarem. E estudarem para quê? Estudarem para o trabalho, que acaba por ser um outro parâmetro.

Trabalho Para garantir trabalho e renda mais estáveis, as pessoas precisam de qualificação em emprego.

Autonomia Quanto maior a renda, menor a dependência da área social e do governo, porque, no limite, as pessoas alocam os recursos melhor do que o próprio governo. Por quê? Porque elas sabem das necessidades delas. É por isso que programas como Transferência de Renda, ou Bolsa Família, por exemplo, só resolvem o problema da pobreza até determinada etapa, até certa medida da miséria. Eles geram bem-estar até certo limite. Depois, são precisos outros programas para que seja possível manter o nível que se atingiu, mas falaremos sobre isso mais adiante.

Investimento nas mulheres Como mencionei antes, o maior retorno sobre investimento social é na educação das mulheres. Para se ter uma ideia, um dólar aplicado na mulher pode resultar em até 2,5 dólares de retorno. E mais: a mulher que estuda, ao mesmo tempo, entende de planejamento familiar, tem empoderamento feminino, tem mais independência e liberdade de escolhas, e consegue tomar decisões ao longo da vida muito melhor do que o homem. A mulher, inclusive, gere os recursos muito melhor que o homem.

Investimento na primeira infância É um dos melhores retornos sobre o investimento.

É urgente pensar além das moradias, com foco na integração

"Se nós criássemos um modelo financeiro que permitisse construir casas com programas sociais atrelados, isso poderia ser extremamente escalável

e com resultado social. Por quê? Porque uma das críticas é que quando a família recebe uma casa, mesmo nesses conjuntos habitacionais como Cohab, CDHU e tudo mais, você deixa de ter uma favela horizontal para ter uma favela vertical. Por quê? Porque as famílias não sabem sair da pobreza. Elas não foram orientadas, não foi feita uma integração de programas sociais. Bom, então, eu acho que um caminho seriam instrumentos financeiros, como fundos imobiliários, que são instrumentos financeiros para você canalizar investimento para acabar com pobreza. Investimento privado e investimento público."

Germano Guimarães, Instituto Tellus

Kleber Mendonça, da Accenture, também tem uma visão parecida sobre isso. "Você passa ali na Marginal, você olha [O Singapura], o que acabou acontecendo hoje? É uma favela de concreto, mas as pessoas continuam desempregadas, as pessoas não têm acesso a serviços sociais, não têm acesso a nada. Só mudou a infraestrutura física, não mudou genuinamente a vida das pessoas. Você não muda a vida de ninguém em um ano só, botando pílulas disso ou daquilo, botando luz na rua. Não é assim que funciona."

Para ele, o que o projeto Favela 3D entrega é uma transformação como nunca vista em nenhum lugar do mundo, porque há um verdadeiro acompanhamento da vida das pessoas ao longo do tempo e esse é o diferencial. Mais que isso, é algo fundamental.

O maior desafio: ser um modelo escalável

O Favela 3D talvez não seja a solução definitiva, mas é definitivamente um exemplo de novo ponto de partida para as políticas públicas mudarem e serem mais eficientes. O projeto oferece mudanças que passam não apenas pela implementação, mas também pela forma de pensar essas ações, de olhar os impactados e seus desejos. É sobre dignificar uma fala sempre tão preterida e desvalorizada. As quatro favelas que hoje passam pelas intervenções mudaram de nome por meio de assembleias com os moradores. Em Ferraz de Vanconcelos, por exemplo, na Grande São Paulo, a favela Boca do Sapo passou a ser chamada de Favela dos Sonhos, onde se passou a sonhar mais.

Nina Rentel Scheliga, diretora do Favela 3D, aposta nesse tipo de movimentação para trabalhar em conjunto com a rede de liderança presente nas favelas, tendo a intenção de colocar o potencial de volta na mesa e andar a partir disso. Ela cita como exemplo de trabalho coletivo a rádio comunitária "Fala, Marte", criada na favela Marte. O projeto foi construído e gerido dentro da comunidade pelos próprios moradores. Nina cita ainda outro exemplo: "Temos um grupo de líderes, o Rede Favela, que une os espaços do projeto e hoje já tem governança própria. Com tudo isso, a favela vai enxergando o próprio potencial e criando a sua própria solução".

É justamente por acompanhar padrões de sucesso como esses que a Gerando Falcões procura construir um modelo que seja escalável. Um dos meios para garantir essa escala está no próprio ecossistema construído pela GF. Ao conectar os mais de dois mil líderes já formados na ONG que estão espalhados pelas mais de seis mil favelas, há condições de MULTIPLICAREM a METODOLOGIA do Favela 3D.

A adaptabilidade de cada território vai depender muito de dados que estão sendo analisados simultaneamente às mudanças em andamento. A Kayma Labs é a responsável por essa constante avaliação da Mandala, até a medição do impacto final de todo o processo. Esse imenso banco de dados será de valor inestimável para os aprimoramentos mais inteligentes necessários em cada cenário distinto. A escalabilidade do Favela 3D se mantém no tripé: empresas, órgãos de governo e ONGS.

Thais Gargantini Cardarelli, diretora da Kayma Brasil, acredita que o Favela 3D pode ser um divisor de águas, quando consideramos toda essa criação de metodologias. "Você precisa de um diagnóstico comunitário, uma linha de base, tempo zero de um projeto, saber o que era antes e como ficou depois. As perguntas para os moradores precisam dar conta das profundezas psíquicas geradas pela pobreza: como a percepção de que o que se vive ali não é digno. Muitos acham que é, que está tudo bem, porque nunca conheceram nada parecido."

É interessante pensar nisso porque, quando a Mandala foi elaborada para ser um modelo replicável e escalável, considerou-se o perfil majoritário das favelas do país.

Germano Guimarães, cofundador do Instituto Tellus, reforça: "Das mais de 14 mil favelas que existem hoje, 80% têm até 500 famílias, o que corresponde a 60% das pessoas que vivem em favelas no Brasil. Os outros 20% das comunidades são grandes e possuem 40% das famílias, a exemplo do Morro do Alemão, Paraisópolis e Heliópolis. A gente tem uma visão, um conceito, do que são essas favelas gigantes, mas não são as que refletem a realidade. A maioria é pequena e mais horizontal. Então o que a gente falou para o Edu: se nós criarmos um modelo para São José do Rio Preto, nós criamos um modelo para 80% das favelas no país. É muito difícil tirar [da pobreza] 100 mil famílias de uma vez. Você não faz isso. Agora uma favela que você tem 300 famílias, 500 famílias, você consegue ter mais flexibilidade, inclusive para mover essas famílias".

A viabilidade de escala do Favela 3D tem a ver com a própria estratégia de crescimento e de gestão da Gerando Falcões. Hoje, a ONG lida com quatro projetos-piloto. Uma das respostas pode estar numa linha de crédito no BNDES para ser disponibilizada às prefeituras do país, como investimento exclusivo no Favela 3D. Conversas já foram iniciadas para viabilizar a ideia.

Pensando na escalabilidade, hoje a Accenture assessora a GF na criação de mecanismos e métodos, uma espécie de gabarito para ser passado a outras organizações. Enquanto ONG, a GF não cresce na mesma proporção do Favela 3D, por isso o foco tem que ser escalar a gestão do projeto Favela 3D.

Kleber Alencar, da Accenture, acredita que é preciso criar um modelo em que os parceiros da Gerando Falcões bebam do método e o reproduzam, para que a ONG possa focar onde ela é capaz de gerar mais valor para a favela. Assim, a ONG em si não precisa se responsabilizar por montar uma equipe, por exemplo, e mandá-la para outro estado. "Isso seria insustentável do ponto de vista de crescimento e gestão", reforça ele.

Pensar em futuros possíveis passa, inevitavelmente, pelo tema da conectividade. Por isso, para ser uma favela digna, é preciso que seja digital. "Não se trata apenas de conectividade, mas de ser um polo para atrair tecnologia, tanto para desenvolver saúde e educação para os moradores quanto para geração de renda, desenvolvimento e inovação para o Brasil. O Favela 3D foi construído com base nessa visão de favela do futuro. Mais do que um projeto, o Favela 3D quer criar um processo e uma metodologia, por meio do aprendizado contínuo, para isso poder ser escalado para todas as favelas do Brasil", defende Edu Lyra.

Outro ponto interessante é que na primeira favela POBREZA ZERO – a Favela Marte – há também o plano de se ter um museu que vai contar a história dessa pobreza. É quase um experimento antropológico para a comunidade e, claro, com sua dose de marketing questionável, mas cheio de boas intenções.

No entanto, para que esse seja um plano possível, há que se pensar em todos os detalhes envolvidos no processo, principalmente em termos financeiros. Quem discorre melhor sobre essa pauta é Germano Guimarães, do Instituto Tellus: "O Elon Musk sabe até a vírgula de quanto custa o nitrogênio que ele coloca dentro do foguete. Então, se a gente quer concorrer com o Elon Musk, vamos até a vírgula. Ele sabe quanto custa ir para Marte. Quanto custa colocar favela no museu? Toda a favela, se esse é o propósito? Então, a gente está falando de uma estimativa da ordem de muitas centenas de bilhões (...) a gente está falando de um tamanho de um volume de recurso brutal. Então, a gente precisa canalizar esse dinheiro para resolver o problema da pobreza. Como a gente vai convencer as pessoas a colocar dinheiro para reduzir a pobreza? Mostrando um jeito de fazer uma conta e, ao mesmo tempo, estimulando-as a investirem nisso".

As primeiras experiências que serão detalhadas nos capítulos seguintes já apontam resultados positivos, mas ele tem razão: contas e alguns ajustes precisam ser feitos. Elon Musk tem as dele na ponta do lápis. Ainda tem o software, o combustível tecnológico e humano. Afinal, quanto custa colocar a pobreza do país no museu? Essa conta é etapa obrigatória para superar o idealismo e atrair a confiança dos agentes que se juntarão a essa agenda.

Mas, para Edu Lyra, o maior aprendizado até aqui está em olhar para a própria pobreza. Passados dois anos do Favela 3D, a conclusão é que é primordial se especializar no combate à EXTREMA POBREZA.

"Se o nosso pessoal se tornar especialista em extrema pobreza, a gente consegue vencer a pobreza com mais facilidade. Quase sempre, a extrema pobreza está relacionada à drogadição. A gente está tentando descobrir uma fórmula – é como se existisse uma pequena Cracolândia em todas as favelas do Brasil, pequenos núcleos, até 12% – e a droga não deixa a pessoa avançar. Ela quer sair das drogas, mas não compreende precisar ficar cinco meses internada. A gente tem que descobrir um caminho", expõe Edu.

Durante a implementação do Favela 3D, a Gerando Falcões descobriu uma nova droga diretamente associada à extrema vulnerabilidade, a Spice. Uma maconha sintética desenvolvida em laboratórios clandestinos, mais barata e que tem um efeito zumbi. Para Edu, essa droga é um "monstro".

O Favela 3D já fez parcerias com clínicas privadas, mas os adictos acabam pedindo para ir embora antes da conclusão do tratamento. Uma parte do "atraso" tem a ver com esse desafio da dependência química. No início de 2023, enquanto escrevo este livro, Edu Lyra começou uma busca pelos melhores parceiros. O plano é trazê-los para o Favela 3D e aprender com a inteligência deles, com a experiência de alguém que já consiga fazer isso de outro jeito.

Outro desafio é fazer os colaboradores do Favela 3D quererem sair do escritório e ficarem na ponta do atendimento por mais tempo para mergulhar nas dinâmicas mais profundas das famílias. Um dos critérios que indicavam se uma pessoa havia ou não saído da pobreza partia da seguinte pergunta: **você se preocupa se vai conseguir comer amanhã ou não?** "Tirando os mais privilegiados, a maioria dos brasileiros tem essa preocupação", me disse Edu. Concordei.

É uma preocupação, mas será que realmente indica se a pessoa está numa situação de pobreza? Segundo Edu, essa pergunta sequer deveria existir. É aí que se coloca o desafio de entender como pensa esse morador da favela, e não o cientista que elabora esses índices. O objetivo por trás do resultado volta sempre para o mesmo ponto: a perspectiva precisa ser sempre a do assistido e esse índice que diagnostica a situação toda precisa de perguntas mais simples.

Para Edu Lyra, é aí que mora a resposta para se tornar algo escalável ou não. **"Para o mundo inteiro copiar a gente, tem que ser compreensível para o prefeito que se formou em Oxford, ou aquele gestor que estudou**

até a quinta série. Porque tem de tudo no Brasil. A genialidade é tornar aquela coisa mais complexa muito simples."

Edu completa ainda dizendo que o que pode atrasar os planos de entrega é, justamente, o diagnóstico da drogadição. Ele acredita que o time ainda não conseguiu entender a complexidade da pobreza como um todo e o quão multidimensional ela é. "Estamos aprendendo fazendo. Por isso é importante fazer, alguns foguetes têm que explodir pra gente aprender. [2023] é o ano pra olhar o que foi feito e precisa ser aprimorado. Criamos um Comitê de Decolagem que, a partir do início do ano, já vai se encontrar mensalmente para avaliar as práticas. Com a participação dos coordenadores de cada comunidade pilotada."

> "A coragem é uma escolha. A mudança é uma escolha.
> Uma sociedade amplamente injusta também é uma escolha.
> Qual é a nossa escolha?"
>
> —Edu Lyra

CAPÍTULO 3

Favela Marte, a missão é aqui na Terra

> "Marte não vai entregar todas as soluções para as favelas do país, mas vai mostrar que é possível."
>
> —Edu Lyra

Quando cheguei à Marte, em junho de 2022, a favela vivia seus últimos dias de uma estética de favela. Em pouco tempo, todos os 240 barracos seriam demolidos para dar início ao processo de moradia digna e urbanização, um dos três eixos do Favela 3D. A imersão começou com uma verdadeira experiência antropológica que foi chegar a São José do Rio Preto, depois de pegar carona num jatinho do empresário Jorge Paulo Lemann, um grande sonhador que criou um império e, hoje, é um dos grandes mentores de Edu Lyra. Lemann, apesar do engajamento notório em projetos de educação e inclusão, me disse que não pisava numa favela desde a infância no Rio de Janeiro.

"Quando visitei a Favela Marte, pela primeira vez, fiquei chocado com a falta do básico. Mas o que mais me impressionou, apesar das ausências, foi um senso de comunidade muito grande. Mais do que uma casa, é fundamental dar oportunidades de trabalho e formação pra que essa casa se mantenha", declarou ele.

Além de mim, entre os convidados para conhecer Marte estavam outros nomes importantes do mercado, como Guilherme Benchimol, CEO e fundador do Grupo XP, e Ana Maria Diniz, empresária e presidente do Instituto Península. Era a segunda viagem do tipo que a GF fazia para que seus investidores ilustres pudessem ver de perto a transformação na qual colocaram seu dinheiro e suas expectativas. Mas, mais do que isso, ali Edu também tentava iniciar uma nova relação entre aquelas pessoas com os espaços que sempre lhes pareceram hostis e inseguros. Depois de sobrevoar parte da desigualdade do maior e mais rico estado brasileiro, chegamos à única favela de São José do Rio Preto, no interior paulista, onde começou o projeto piloto de uma fábrica da cidadania.

A mudança é atestada pelo "Dignômetro", instalado logo na entrada da comunidade para todos verem o que se passa ali. O marketing é entendido como um ponto forte para a quebra de paradigmas, apesar de (por vezes) correr o risco da excentricidade. Fato é que, no fim de 2021, quando a GF chegou à Favela Marte – que se chamava Vila Itália –, a taxa de desemprego era de 70%, sendo 12% no Brasil na época. Um ano depois, enquanto escrevo estas linhas, a porcentagem está em menos de 7% na favela, ou seja, a melhor taxa de empregabilidade do Brasil, hoje, é numa favela 3D.

Apenas alguns minutos caminhando pela comunidade são suficientes para visualizar a MANDALA virando prática com a criação de espaços de inovação. O que está em andamento é a transformação da favela, não seu fim.

Uma metamorfose nada ambulante

A Favela Marte será um novo bairro incorporado à cidade, que também passará por uma espécie de reconciliação. Quando chegou à Marte para iniciar as conversas, Edu Lyra morou na comunidade por alguns dias em 2021. Não havia água potável, mas, sabendo da situação, o prefeito Edinho Araújo tratou – rapidamente – de enviar quatro caminhões-pipa para o local. Pode ser que ele tenha agido por constrangimento, diante daquela visita, mas o contexto foi aproveitado como uma oportunidade de recomeçar uma relação, de ouvir e construir as soluções juntos, de forma que nenhuma outra autoridade da cidade se sentisse em paz vendo a pobreza desincorporada daquela forma.

Dizem que houve até um pedido de desculpas da prefeitura, mas isso perde relevância quando vemos os compromissos assumidos a partir dali. A prefeitura de São José do Rio Preto entrou com um investimento de cerca de 15 milhões de reais para atuar na desapropriação do terreno e nas obras de infraestrutura para distribuição de água, esgoto, iluminação e pavimentação pública.

Um convênio com a união de várias forças começava a ser embrionado e, no final de 2022, João Dória faria a formalização da contribuição do Governo do Estado, com 29 milhões de reais, focado na atuação da Companhia de Desenvolvimento Habitacional e Urbano. Os empresários doadores da Gerando Falcões entraram com mais 15 milhões em outras frentes de assistência.

A promessa é entregar as casas prontas com geladeira, fogão, micro-ondas, interfone e chuveiro. Segundo a Secretaria de Habitação, a política de financiamento dessas moradias pelo CDHU tem três pontos: não existe análise de crédito; juros zero para as famílias no pagamento do financiamento; as prestações serão proporcionais a 20% da renda das famílias.

No dia da minha visita, o CDHU havia montado tendas para tratar dos lares provisórios que as famílias receberiam durante as obras na comunidade. "Vou levar só as roupas do meu bebê, que vai, finalmente, poder engatinhar. Daqui não se aproveita nada", me disse a moradora Ana Rodrigues, de 27 anos. A nova favela Marte ainda não foi entregue, mas já se torna um modelo em que o apartidarismo – que guia a Gerando Falcões – parece demonstrar a eficiência da pauta social quando ela se sobrepõe a ideologias. A continuidade e, portanto, o combate sustentável da pobreza crônica dependem disso. Enfrentar a desigualdade deve ser uma ambição do Estado, não de governos específicos, com alto nível de comprometimento em todos os níveis. Em São José do Rio Preto, o prefeito Edinho Araújo e o governador João Dória atuaram de forma conjunta e as etapas de reconstrução de Marte já atravessam diferentes gestões estaduais. O Favela 3D teve continuidade nos governos de Rodrigo Garcia e Tarcísio de Freitas, resistindo ao tempo e a mudanças políticas.

A Favela Marte antes do início das obras. Barracos e ruas pouco habitáveis, sem entrega de água potável e saneamento básico.

A Favela Marte com obras iniciadas. A estrutura básica das novas moradias já erguidas em processo de construção.

Painel da Gerando Falcões na entrada da Favela Marte com a projeção do projeto na entrega da obra.

Projeção aérea da nova Favela Marte no final das obras.

Aplicação do painel da Gerando Falcões.

Até a escrita deste livro, o prazo de entrega de dezesseis meses estava previsto para novembro de 2023 e é possível que ainda passe por muitas adaptações e mudanças até que aconteça efetivamente. Ao longo de um projeto de transformação complexo e sem precedentes numa comunidade brasileira, se tornou parte do processo trabalhar com cronogramas mais flexíveis em que os aprendizados são tão orgânicos quanto desafiadores. É sobre uma gerência exigente com diferentes fornecedores, orçamentos mistos e muita expectativa dos moradores impactados.

Lidar com o preconceito é uma dessas adaptações, mesmo não sendo novidade para a maioria das pessoas nesta realidade. Em mais de uma ocasião, contratos de locação foram rasgados por donos dos imóveis quando descobriam que seus inquilinos vinham da favela. Combater a pobreza é um desafio que engloba a reeducação das classes mais abastadas, estruturadas a partir do racismo e de um elitismo classista, já que ainda temos uma elite que não engole o pobre orgulhoso e com autoestima.

Quando estive em Marte, cerca de vinte moradores já estavam investindo em renda fixa e 33 eram microempreendedores individuais formalizados. Potências como essas eram descobertas e expandidas em muitas conversas com as famílias nos chamados Barracos Terapêuticos, onde os moradores vão para o divã. Em Marte, cada morador tem seu guardião, um técnico social que cria um plano de superação, e todo o processo vai sendo atualizado num aplicativo. A pobreza é medida e suas raízes, identificadas até a formulação de um diagnóstico; assim, direcionam-se os recursos da forma mais eficiente, com métricas. Apesar do atendimento personalizado, o modelo tem potencial de escala, conforme demonstrei no capítulo 1.

Uma moradia digna é fundamental, mas não há sustentação sem geração de renda, sem a identificação de outras fontes da pobreza, sem outras inclusões, como a social e a digital.

A baiana Maria Nilsa Santos, de 57 anos, saiu de Feira de Santana para Marte há quinze anos. Fugia do marido e de um histórico de violência doméstica pautada pelo alcoolismo do então companheiro. Mãe de onze filhos, partiu para São Paulo com os três menores, com os quais morou numa lona por sete anos, até conseguir seu barraco e se manter com a ajuda de doações e do Bolsa Família. "Favela é mãe. Se tem comida na favela, ninguém passa fome", ela me disse.

Apesar da dureza das vivências, quando nos falamos, Nilsa era só felicidade. "Estou tão alegre", dizia repetidamente. A casa foi enchendo de gente conforme nossa resenha se aprofundava, com a chegada de outros filhos e netos agregados. O marido, José Hamilton, acabou vindo atrás de Maria Nilsa, se redimiu, largou o álcool e, naquela altura, participava de cursos de qualificação para ser encaminhado para uma entrevista de emprego como pedreiro, sua especialidade. A neta Fernanda, que sonha em ser psicóloga, estava animada com a mudança de escola, que será mais próxima do lar provisório.

Em Marte, naqueles dias que antecediam a demolição dos barracos, havia um entusiasmo amedrontado; afinal, o acúmulo de frustrações e de desesperanças não cabia em tanto futuro possível. Mas, na mesma medida, uma rede de apoio e governabilidade era construída.

Em meio ao entusiasmo local, Benvindo Nery, líder comunitário da Favela Marte, diz: "Não sabemos como vai ser a vida depois da volta, mas estamos dispostos. Que isso chegue aos olhos de Elon Musk pra ele ver que Marte não é onde ele foi, mas aqui".

Nery é o CEO de Marte, atuando também como líder do Rede Favela. Os dezesseis moradores que compõem o grupo se reúnem semanalmente para avaliar e amadurecer a gestão do Favela 3D, bem como suas dezoito soluções em andamento. O trabalho é inspirado no método Ambev e busca a capacitação dessas lideranças que sabem lidar com pessoas já muito machucadas, uma vez que conhecem de perto essas dores. Uma das razões para a escolha dessa favela como primeira experiência 3D tem a ver, exatamente, com a força dessas lideranças resilientes.

Na chegada da comitiva do Lemann à Marte, Edu fez uma saudação às "mulheres de Marte". Não foi aleatório. No programa Avança Marte, por exemplo, elas discutem seus direitos em conversas com assistentes sociais. As mulheres criaram uma dinâmica própria também a partir do trabalho do Instituto As Valquírias, fundado em Rio Preto com a missão de entregar oportunidades para meninas, mulheres em situação de vulnerabilidade, bem como seus filhos, e hoje trabalha como ponte junto com os moradores da favela.

O Instituto As Valquírias é uma das mais de cinquenta organizações aceleradas pela Gerando Falcões e começa a voar alto com asas próprias e cada vez mais largas. A entrevista com Amanda Oliveira, fundadora da ONG, precisou ser adiada porque a empreendedora social estava às voltas com o segundo jantar beneficente que aconteceria por aqueles dias. O jantar homenageou e celebrou os que possuem coragem para doar, para se levantar contra as desigualdades e para iluminar. Na plateia, 340 empresários e empresárias. O resultado foi 2 milhões de reais em doação, o maior valor já arrecadado na história do As Valquírias. Amanda acredita que o mundo está despertando para uma nova era e que as pessoas estão entendendo que, entre ganhar dinheiro e mudar o mundo, é possível ficar com os dois.

Amanda se apresenta como fluente em empreendedorismo social. Já escreveu livro, recebeu 28 premiações, se tornando uma *Forbes Under 30*, e foi nomeada pela McKinsey como uma das jovens mais inspiradoras do país. O planejamento, a gerência e a execução na Favela Marte são coordenados por ela.

"A vivência nesse processo tem mais valor do que a formação técnica universitária. O maior desafio foi encontrar um time que equilibrasse a visão acadêmica, respeitando a voz da experiência (os moradores). Foi colocar todo mundo na mesma página e fazer entender que nada poderia ser construído para a favela, mas sempre *com* a favela. Foi um dos meus maiores desafios (etapa já vencida). Depois foi fazer todos compreenderem que não estamos construindo uma casa, e sim um lar – casa é tijolo, lar é desenvolvimento social, renda, criança na escola, mulher com autonomia. Por último, claro, o desafio foi colocar os barracos no chão. A pobreza, durante esse processo, manipulava a cabeça das pessoas, então algumas chegavam a sua nova moradia transitória e voltavam para o barraco, ou tinham crise de ansiedade, choravam muito. São muitas as pancadas, mas esse é um jogo importante, somos nós contra a pobreza, então a gente sente a lesão, mas continua andando", atesta Amanda.

Cerca de 80% das favelas do país têm um perfil parecido com o de Marte. A partir de todos os dados que serão levantados, Edu Lyra já trabalha com o que seria um novo IDH DAS FAVELAS, um medidor inédito do grau de vulnerabilidade de cada favela. "O conhecimento adquirido vai ser como um CÓDIGO ABERTO para ser testado e adaptado às diferentes comunidades do país", diz Edu.

Kleber Alencar, da Accenture, afirma que o modelo atual segue um caminho interessante, mas acredita que, para fazê-lo mais rapidamente e em maior escala, é preciso criar um instrumento econômico e aumentar a capacidade de produção. "Então, o Favela 3D em São José do Rio Preto, para que complete todo o ciclo, talvez leve por volta de três a cinco anos... Isso para uma favela com 500 famílias. Mesmo que a Gerando Falcões consiga fazer 10, 20 ou 30 favelas simultâneas desse porte, a gente está falando de 50 favelas como essa, que é um projeto bem robusto. Não é um projeto trivial, mas se você coloca essa escala, a gente está falando aí de 500. Então 50 vezes 500, a gente tá falando de 25.000 famílias. E aí a gente ainda tem um problema que são 1 milhão de casas."

Para Germano Guimarães, da Tellus, o trabalho desenvolvido em Marte deve ser visto como um caminho a ser seguido. Ele acredita que o que tem sido feito em São José do Rio Preto vai tangibilizar e dar o exemplo. Germano cita o conceito de *demonstration effect* que eles costumam utilizar na Tellus, o efeito de demonstração: "[Para] muitas coisas na nossa vida, e na economia, na sociedade, você precisa mostrar que [algo] é possível. Depois, outras coisas vêm, outras possibilidades. Mas você mostrou para a sociedade que 'olha, isso daqui a gente consegue fazer como ser humano, como sociedade, como humanidade'".

Para ele, São José do Rio Preto é um exemplo de que é possível acabar com a pobreza de forma precisa e técnica. O desafio está em fazer isso de maneira replicável e instalável.

Por outro lado, Edu Lyra enxerga Marte como algo além de um exemplo, uma instigação: "Marte, acima de tudo, é uma provocação. Vai mostrando as falhas do sistema atual. A exemplo do aluguel social, não adianta apenas dar 500 reais, que a família vai pra outro local, outra favela. Marte mostra que é possível colocar os agentes pra se reunir, na escuta, de tomar tempo, considerar a opinião da favela pra reconstruir as favelas, urbanizar. O Estado não é flexível, mas precisa encontrar agentes, melhorar a interlocução". Se ler sobre essa experiência o animou, sintoniza aí a **Rádio Fala Marte** no seu Spotify porque a favela tá on! Na Marte brasileira, a energia vai ser 100% solar e o museu da pobreza vai ter a foto de cada família em frente ao seu antigo barraco, como retrato de um passado que demorou para deixar de ser presente.

> "Nós levantamos da cama todo dia com a missão de tornar a sociedade capaz de quebrar ciclos geracionais de pobreza."
> —Edu Lyra

Favela Marte, a missão é aqui na Terra

CAPÍTULO 4

Favela dos Sonhos: sonhar é um direito

"O futuro já chegou, só não está uniformemente distribuído."
—William Gilson.

É outubro de 2022, e antes mesmo de atravessar a ponte sobre o córrego (ainda) imundo, o visitante já avista as placas coloridas do outro lado, anunciando as mudanças que estão sendo feitas para aquele ser um espaço em que é realmente possível sonhar. As peças de comunicação – inspiradas no modelo de reurbanização da cidade colombiana de Medellín – compõem um vínculo de confiança e transparência que a Gerando Falcões quer e precisa ter com quem vive nesta favela da Ferraz de Vasconcelos, na região metropolitana de São Paulo.

No meio da travessia da ponte, mãe e filho me cruzam. Os dois carregam sacolas cheias de embalagens de plástico e papelão. O destino é o posto, montado pelo iFood, que reverte a coleta de material reciclável em renda imediata para as famílias, que recebem o valor num cartão de débito pré-cadastrado. Ao lado do ponto de coleta, uma cabine chama a atenção. Ali, três vezes por semana, um profissional do Laboratório Fleury atende os moradores numa primeira triagem de saúde, em que é possível fazer exames iniciais até o encaminhamento para a rede do SUS da região. Todos esses serviços são disponibilizados numa sede da Gerando Falcões, que foi construída logo na entrada da favela. Em menos de um ano, foram mais de vinte cursos ministrados ali e trezentos moradores impactados.

A sede foi construída com as mãos e foram renovadas as esperanças dos moradores da, então, favela do Sapo – tudo em vinte e cinco dias. Na ausência de uma liderança local forte, coube à Gerando Falcões essa imersão profunda e exigente nos traumas daquela comunidade. A primeira missão de Bruno Luiz Nascimento Desidério, também conhecido como Bruno Poá, da Gerando Falcões, foi convencer o dono de uma fábrica vizinha a ceder um espaço sem uso da empresa. Não parecia impossível para esse garoto, também egresso da periferia daquela área e com memórias muito claras do tempo em que chegou a dormir com a família no estacionamento de um supermercado.

Bruno, que se tornou o coordenador do Favela 3D nesse território, começou negociando cinquenta metros quadrados com o empresário, mas, ao final, o espaço já ocupava quinhentos. A GF é escola de uma resiliência potente que sempre persevera. Bruno está todos os dias no território. Chega às oito, sem hora para ir embora. A Favela dos Sonhos sonha e há um cronograma para seguir sonhando sem a presença constante da Gerando Falcões, que consolida as lideranças a cada dia.

Quando conversei com Bruno, ele me contou um pouco sobre a própria trajetória ali: "Montei meu escritório na Favela dos Sonhos no segundo semestre de 2021, fazendo um diagnóstico. Identificar potências, fraquezas, alegrias. Na época, 72% da favela estava sem renda, [havia] muitos problemas de saúde, as crianças brincavam no córrego. Você se torna um conselheiro de tudo, porque são muitas as dificuldades de sobrevivência".

Bruno levou para lá mais de oito anos de experiência com trabalhos nos polos esportivos e culturais que a GF já promovia em São Paulo. Chegou a atender duas mil crianças em doze favelas e um desses polos também acolhia crianças daquele entorno.

Qual é a maior dor de vocês?

Essa foi a primeira pergunta que Bruno fez aos moradores. Eram muitas, particulares às trajetórias de exclusão de cada um. Cada história era única e, assim, precisava ser vista e sentida. Mas havia uma questão em comum: a vergonha do nome da comunidade. Quem gostaria de viver num lugar que se chama "Boca do Sapo"? A Gerando Falcões bateu de porta em porta com sugestões de cinco nomes, até a comunidade ser rebatizada com a preferência da maioria que queria voltar a SONHAR.

No dia em que estive lá, havia acabado de sair a primeira atualização do índice que mede as temáticas e as soluções presentes na Mandala. Depois de nove meses de trabalho, tinha subido de 2,55 para 2,88. Nina Rentel Scheliga, diretora do Favela 3D, comemorou. "A escala vai de 1 a 5 (sociedade 'perfeita'). De forma geral, a gente vê que evoluiu a situação de vulnerabilidade, a capacidade de resiliência, aumentou a estabilidade." Uma das pétalas da Mandala é o índice da cidadania, que avalia o senso de autoestima. "As pessoas, muitas vezes, sentem um choque, num primeiro momento, porque ganham criticidade e começam a perceber que podem e merecem ter uma condição melhor, tomam consciência e querem mudar", explica ela.

O diagnóstico começou em julho de 2021. Ainda que todas as famílias sejam impactadas de alguma forma pelos projetos, a maioria – 190 famílias – entrou no *Programa Decolagem*, que é como a linha que amarra tudo. Em dezembro de 2022, das 176 famílias "decoladas", 172 já tinham uma fonte de renda.

Na *Decolagem*, metas e sonhos são traçados. Uma parte deles foi alcançada por meio de um pacto de inclusão com a economia local, que contou com a adesão de dezessete empresas da região. Essas empresas fornecem vagas para os moradores em diferentes áreas. O Favela 3D também inovou na forma de levantar e "vender" as habilidades de trabalhadores que tiveram pouco acesso à educação formal, mas construíram bagagens e repertórios preciosos de acordo com a própria sobrevivência. Eles passaram a compreender que trabalho não é apenas sobre ganhar dinheiro, mas sobre dignidade e sentido.

"Naquele importante lugar de escuta, chamamos os moradores pra fazer currículo. Um contou que tinha nove irmãos, havia construído a própria casa sozinho como autodidata e se tornado especialista em dinheiro porque aprendeu a viver sem ele. É uma outra forma de detectar talentos e, assim, os currículos foram feitos. Deu certo", conta Bruno.

Deu, sim. Com outros parceiros de capacitação profissional como Sebrae e Senac, as soluções da Mandala começaram a girar e, agora, o sucesso parece ser questão de tempo. Na Favela dos Sonhos, o sonho do pleno emprego está próximo: apenas quatro pessoas aptas a trabalhar ainda estão fora do mercado. *Ainda*.

Nina Rentel Scheliga, diretora do Favela 3D, compartilha ainda que o Favela 3D acontece em vários formatos segundo a Mandala: "Ela é um retrato da pobreza multidimensional, uma pessoa se encontra na pobreza porque tem uma série de coisas na vida dela que a impede de exercer seus direitos, de se desenvolver. Quando a gente fala da Mandala pra favela e olha pra todas as temáticas de pobreza que estão ali, cada temática acontece de um jeito em cada uma das favelas. Quando a gente cria o plano pra cada uma das favelas, a gente está aprofundando isso pra cada realidade. A ideia do 3D é que o processo através disso seja de forma participativa, que dê conta de olhar para todos os desafios e seja ambicioso no objetivo de acabar com a pobreza. É complexo na sua profundidade. O nosso desafio é como alcançar essa profundidade, sem engessar demais, e que as pessoas consigam usar essa metodologia em mais favelas do Brasil inteiro, conectando todo mundo que precisa estar envolvido nessa transformação".

Andando pelas ruas recém-pavimentadas – que eram de terra até o início de 2022 –, você atesta que a Favela dos Sonhos começou a sonhar. De sapatos limpos, os moradores SONHAM mais. Cheguei numa segunda-feira por lá e havia um astral diferente, especialmente entre as crianças, e logo descobri o porquê: o primeiro parquinho havia acabado de ser inaugurado, num movimento chamado "Comunidades do Brincar", patrocinado pela Fundação Lego. A ideia era democratizar o brincar em áreas marginalizadas e abrir uma nova possibilidade para um desenvolvimento mais integral. Na escola municipal, que já atende as crianças da região, há um contraturno no qual a GF promove oficinas de balé, coral e dança.

Parquinho inaugurado pelo projeto Comunidades do Brincar.

Grafite na decoração do parquinho.

"[Quando a gente testa] dentro de casa, consegue influenciar mais rápido. [É mais barato e mais rápido testar um modelo] em uma favela com até quinhentas famílias, comunidades pequenas. [É mais] leve, porque dá pra moldar", é assim que Nina Rentel Scheliga, coordenadora do Favela 3D, me explica por que a favela em Ferraz de Vasconcelos, na Grande São Paulo, foi escolhida como o segundo projeto piloto.

E foi dessa experiência que saiu, no início de 2023, o maior aprendizado da Gerando Falcões sobre os desafios de implementação a partir de dois episódios. No final de 2022, houve a formatura de quarenta alunos na turma do EJA (Educação de Jovens e Adultos), exclusiva do Favela 3D, mas apenas metade da turma estava lá. Só naquele momento se entendeu o que havia acontecido: vinte estudantes, aqueles com maior nível de analfabetismo, foram abandonando o curso por vergonha do que sentiram ser uma exposição negativa.

"A gente decide colocar uma solução pra ver como se desenrola e tirar lições pra não repetir o erro em outras favelas. Qual foi nosso erro na Sonhos? A gente só entendeu o que estava acontecendo no final do ano, quando alguns se formaram e outros sequer estavam lá. Deveríamos ter aprendido antes. Deveríamos ter criado um ciclo de aprendizado quinzenal, montando uma governança com a direção da escola, pegando as fichas de presença, olhando as ausências, nos questionando. Concluímos tarde que quem é realmente analfabeto desiste mais. É preciso agir em cima desse comportamento", me disse Edu.

Na mesma Favela dos Sonhos, um colaborador da Gerando Falcões responsável pelas obras habitacionais denunciou que uma moradora não estava vivendo na casa nova. Não havia se acostumado ao conforto e acabou montando um novo barraco nos fundos. Edu Lyra não acreditou até ver com os próprios olhos. Essa informação não havia chegado por um dos técnicos do Favela 3D, como deveria.

A partir da experiência, em 2023, a equipe do Favela 3D decidiu mudar o *Decolagem*, que é a espinha dorsal do Favela 3D, em que as famílias são acompanhadas individualmente para trilharem um caminho de oportunidades. "A gente, agora, vai ter duas camadas no *Decolagem*. O técnico, que é o assistente social, é um articulador de direitos que fala com a prefeitura, cobra vaga em creche e hospital. Ele insere a família no sistema. [A segunda camada] não precisa ser um assistente social; é [mais] como se fosse um missionário. Ele vai abraçar a família, vai chorar junto, criar vínculos e, aí, vai levar esse problema pro assistente social. Estamos começando a treinar esse MENTORES, como serão chamados esses novos agentes no campo. O algoritmo de decisão nem sempre é apropriado. Tudo tem um modelo mental de decisão, o qual tem que ser mais refinado, porque a forma como o assistente social pensa é toda baseada no DIREITO. Mas, às vezes, você precisa ter um vínculo emocional maior com a família, ir fundo, pra chegar à solução mais adequada. Você precisa testar, errar e aprender. Foi o que fiz agora. Chamei a equipe e disse: precisamos melhorar o algoritmo, senão vamos tomar decisões erradas", completou Edu.

Outra novidade na parte da assistência social é a criação de uma categorização baseada em equidade. A ideia inicial é que, em 70% do tempo, o agente social esteja no território, fazendo um diário de bordo que será auditado. Ele precisará passar a maior parte do tempo com famílias de extrema pobreza. E esses profissionais de campo terão incentivos, uma espécie de BÔNUS financeiro que ainda está sendo conceituado.

Edu Lyra quer chegar a um mecanismo de estímulo, de reconhecimento, para os agentes que conseguirem tirar o maior número de famílias da extrema pobreza.

"Nós temos um jogo, que é resolver a questão estrutural da família. A forma do favelado, num primeiro momento, é querer resolver o imediato, a cesta básica em vez do emprego. Se ele convencer o sistema a dar a cesta e não o emprego, a gente perdeu o jogo. Burlar o jogo é querer a solução pontual. A gente tem [que fazê-lo entender] que não é a cesta nem só o emprego, mas a reconfiguração familiar", defende Edu.

No quintal de casa é mais fácil mexer

Situada no quintal da sede da Gerando Falcões, nas quebradas onde Edu Lyra também cresceu, a comunidade já era impactada por ações da ONG durante a pandemia. Um grande diferencial é que a favela não tem uma ONG local, já acelerada pela GF, como nas outras pilotadas, e isso traz uma oportunidade de gestão para testar dentro de casa. Ferraz de Vasconcelos, a Favela dos Sonhos, mostra o potencial dentro de uma realidade mais comum, dos municípios.

Bruno Luiz Nascimento Desidério, coordenador na Favela dos Sonhos, relembra que é preciso tratar cada favela de uma maneira diferente. Apesar de dores que se repetem em cada história, cada família é diferente da outra e optar por um padrão não funciona: a vivência faz a diferença. "Que faculdade me ensinaria as coisas que eu sei sobre combate à pobreza? [O que me ensinou foi] a minha própria vida, os dez anos de GF. A pobreza é multidimensional e afeta a população de várias maneiras. [O combate à pobreza se dá em conjunto com os moradores], e não dá pra fazer isso do meu escritório. Não dá pra tratar toda favela como toda favela, toda família como toda família. Não dá pra tratar como padrão; cada história é única. A gente precisa parar de fazer pra mostrar que está fazendo e começar a fazer pra executar o nosso propósito."

A primeira Secretaria de Favelas

Durante a pandemia, o número de favelas se ampliou em Ferraz de Vasconcelos, que tem um dos orçamentos mais baixos entre as prefeituras da Grande São Paulo. Embalada pelas mudanças promovidas pelo Favela 3D e provocada pela Gerando Falcões, a prefeitura criou a Secretaria de Favelas do município, a primeira do Brasil, que já reflete a mudança de mentalidade, na relação dos agentes públicos, com o desafio complexo de combater a pobreza de forma transversal.

Segundo a prefeita, em dois meses de atuação (conversamos em fins de fevereiro de 2023), apesar das restrições orçamentárias, o impacto já é evidente: a resposta nos encaminhamentos é mais rápida. A população não pula mais de porta em porta, de Secretaria em Secretaria, para ser contemplada nas demandas que passam por educação, saúde e segurança pública. Hoje, a Secretaria de Favelas diagnostica a demanda daquela família e distribui para as outras secretarias, acompanhando todo o processo.

"Assim como a Gerando Falcões, a gente acredita que precisa entender as dificuldades e soluções de baixo pra cima. Por mais que os problemas sejam parecidos, há particularidades. Mudou muito, porque quando a gente conhece os dados, age melhor. Ações mais direcionadas, ainda que levem tempo, têm mais eficiência", me disse Priscila Gambale, prefeita de Ferraz de Vasconcelos.

Na semana anterior à nossa conversa, Ferraz de Vasconcellos havia sofrido muito com fortes chuvas. A cidade registrou mortes e desabrigados e quem gerenciou o atendimento aos grupos afetados foi a Secretaria de Favelas, com a qual a Gerando Falcões faz toda a interface no Favela 3D.

Para Nina Rentel Scheliga, diretora do Favela 3D, parte do problema está na falta de um olhar integrativo para tratar as questões. Ela defende que é preciso chegar a um acordo. "Qual é a questão em qualquer cidade do país? Você vai conversar com a prefeitura, e a estrutura municipal é organizada em caixinhas – saúde, educação, assistência social, obras, habitação... Não há um olhar integral pra favela, porque cada área está olhando os territórios de um jeito. A gente propôs uma inversão de lógica, pra que as favelas sejam vistas como um lugar, com uma necessidade, com uma identidade. A prefeitura fazer essa virada de chave é superimportante, porque aí eles começam a articular, se organizar internamente de forma diferente; há uma mudança na forma de gerir a emergência social."

No acordo, a prefeitura faz a limpeza do córrego e garante a matrícula de todas as crianças na creche – que, atualmente, está sendo ampliada por parceiros da Gerando Falcões. Na educação, além da primeira infância, um dos objetivos é zerar o analfabetismo de adultos e, para isso, também foi criada uma turma de EJA só com alunos da favela. Ligada a isso está a empregabilidade, com uma taxa de desemprego que caiu de 70%, em 2021, para 5%, em 2023.

O sonho é zerar até o fim de 2024 e, para isso, equipes da ONG se dedicam a mapear os desempregados, preparam o currículo social, procuram vagas e encaminham os candidatos no dia das entrevistas. Cursos são criados conforme a demanda para aqueles que precisam de mais qualificação.

No total, cerca de vinte soluções estão sendo implementadas ao mesmo tempo, numa grande transformação física e social.

A favela foi dividida em seis zonas, com todos os processos desenhados com a participação dos moradores, validados com a favela. A parte mais visível aos olhos está na MORADIA. As moradias mais precárias foram demolidas, dando lugar a casas de transição e emergência com o uso da tecnologia de ONGS. Há um protótipo onde os visitantes podem passar a noite e vivenciar essa experiência. Os cômodos são montados por placas feitas com embalagem de pasta de dente.

Protótipo da casa construída para a visita dos moradores.

Jucélia Bispo, 55 anos, mãe de onze filhos, ainda se acostuma com a nova casa e comemora o sumiço dos ratos e uma rua limpa na porta. Analfabeta, não conseguiu se matricular no curso do EJA criado pela Gerando Falcões devido à catarata nos dois olhos. Ela diz que a vista não aguenta. A mesma condição a impede de buscar emprego como doméstica, porque não entende os letreiros dos ônibus. Eis a complexidade do combate à pobreza.

"Sei fazer tudo, lavar, cozinhar, sei fazer bolo, já passei roupa até pra loja." A animação de Jucélia melhora quando começa a tocar uma música na recém-criada rádio comunitária, que, além de música, informa a comunidade sobre os serviços que estão sendo oferecidos nesse momento de oportunidades. Os jovens que cuidam da programação participam de oficinas de comunicação e neles é depositada a esperança de uma mobilização comunitária através da informação e do ganho de consciência.

Ainda sobre as evoluções nas moradias, também foram feitas reformas para melhorias nas casas de alvenaria já existentes, pela Habitat, uma empresa parceira. Os funcionários que trabalham nas obras são contratados da própria favela.

Kiko, dono da empresa Habitat, conta que é gratificante trabalhar ali: "Aqui é diferente, a gente vê as necessidades deles, o que podemos ajudar a suprir. Uma pessoa chega pra gente e diz que agora pode usar um chinelo branco. As crianças brincando, jogando bola. Nunca tinha feito reformas em comunidade; aqui a gente é mais que construtor – é amigo, conselheiro. Os trabalhadores fazem com amor porque sabem que é pra eles mesmos e a gente faz como se fosse pra gente, na nossa casa. A profissão ganha um sentido diferente".

Dona Jucélia na nova casa provisória.

Favela dos Sonhos: sonhar é um direito

Depois da finalização dos trabalhos, programada para dezembro, a ideia é acompanhar as famílias por mais um ano. Reduzir a intensidade de soluções e focar na passagem de bastão para o grupo de líderes da favela junto ao poder público.

Dirce Meire Domingos Vicente, costureira e uma das embaixadoras da Favela dos Sonho, compartilha:

"Melhorou 100%; antes era uma tristeza. O lugar era muito vulnerável, as crianças não tinham espaço pra brincar, brincavam no rio. De manhã, eu colocava a sacolinha no pé pra trabalhar, atravessar a rua de terra. Havia muito preconceito. A coisa mais difícil era encontrar uma colocação no mercado de trabalho, porque o local era visado. Agora as pessoas sabem que o lugar está modificado, tem mudado muito. Eu adoro a área social, faço faculdade de Serviço Social. A gente espera continuar esse trabalho que eles começaram. A grande porta de entrada da Gerando Falcões na comunidade foi a escola; isso facilitou o acesso e a confiança dos moradores. A gente vai lutar para o trabalho permanecer. A gente quer ver essas crianças formadas. Eu sonho em ter aqui uma escola de futebol para as crianças, piscina pra aula de natação. Não quero sair daqui, quero melhorar aqui."

Um imenso obstáculo para a sustentabilidade do fim da pobreza na Favela dos Sonhos é a regularização fundiária. Ela precisa existir, também, no papel. Esse é um impasse que se impõe em muitas comunidades do país. A Gerando Falcões está ajudando a favela a se orientar. Saneamento básico depende disso e é a parte mais demorada e desafiadora. Para avançar antes dessa regularização, garantir dignidade, vai-se montando uma estrutura, já pensando numa lógica de regularização fundiária.

No dia da minha entrevista com Bruno, o B.O. do momento era a descoberta de que uma parte da Favela dos Sonhos era massa falida de uma empresa e que foi reclamada numa disputa judicial, indo para leilão. Ninguém tinha conhecimento disso, nem mesmo a prefeitura de Ferraz de Vasconcelos. O momento era de união de forças, muitas reuniões, com partes diferentes, para se chegar a uma solução. O contexto é uma evidência das complexidades que a implementação do Favela 3D terá em diferentes partes do Brasil. Por isso, esses projetos pilotos são um legado prático para quem vier a se unir a essa transformação social do Brasil.

Na visão de Nina, a união dessas forças é de extrema importância: "São muitas estratégias. A gente está pensando em formar um grupo com vários parceiros, amigos, que podem fazer esse apoio na parte de regularização fundiária em diferentes cenários. O que a gente percebe é que os cenários de favelas vão mudando, mas há uma certa padronização do que pode acontecer: terrenos públicos ou privados, área ambiental ou não; dependendo da conjunção, a gente já sabe os caminhos. É preciso entender esses caminhos possíveis e ir se preparando ao máximo, chegar preparado pra isso. Antecipar ao máximo as situações complexas que podemos encontrar".

Agora a Favela dos Sonhos tem luz própria!

A falta de acesso à rede elétrica é uma das situações mais comuns. Sem a regularização do terreno, a solução (provisória) encontrada pela EDP (companhia elétrica que atua na região) foi uma parceria com a ONG Litro de Luz, que usa materiais simples para tornar a iluminação solar acessível. As tecnologias são feitas de instrumentos como cano de PVC e garrafa PET e são à base de energia solar. Os próprios moradores são capacitados para a instalação e manutenção.

Com certeza, você, leitor, quando visitar a Favela dos Sonhos, verá SONHOS REALIZADOS. O passeio vai incluir visitar o museu da pobreza a céu aberto e selfies em frente ao mural pintado por artistas para contar a história da comunidade em lindos grafites. Quando a arte chegar, haverá rede Wi-Fi abundante para o mundo inteiro ficar sabendo. A internet chegou ali em março de 2023 e, agora, cursos de programação formarão uma geração de incluídos digitais.

Edu Lyra na inauguração da rede de Wi-Fi na Favela dos Sonhos.

Moradores e membros da Gerando Falcões comemorando a inauguração da rede de Wi-Fi.

> "Você nunca saberá quantas vidas ajudou a transformar, mas elas saberão."
>
> —Edu Lyra

CAPÍTULO 5

Morro da Providência, a favela mais antiga do país começa a mudar

O teleférico que chegou com pompa e circunstância no período das Olimpíadas está abandonado há mais de dois anos e, hoje, a polícia usa a estrutura como barricada durante operações. É dali que se tem uma das vistas mais lindas do Rio de Janeiro. Visitar o passado da favela mais antiga do Brasil e fazer uma imersão profunda no presente é uma aula sobre as origens da pobreza e as razões por trás da sua manutenção e, por vezes, ampliação. A descontinuidade é aliada do abandono.

É fato que o teleférico foi feito pensando mais nos turistas, já que apenas 5% dos moradores acabavam beneficiados por aquela "rota", mas manter aquela estrutura bem cuidada era uma ferramenta para os ventos de propriedade voarem mais alto no Morro da Providência depois dos jogos. Nos mais de 103 quilômetros que foram sendo ocupados desde os fins do século XIX, há muitas favelas, o que torna o enfrentamento da pobreza ainda mais desafiador. São cerca de seis mil moradores com diferentes perspectivas da própria condição, já que os serviços chegam a depender da altura do CEP improvisado em cada uma das 1.538 casas. Mas a vitória na guerra contra o inimigo depende de conhecê-lo muito bem; por isso, o primeiro trabalho da Gerando Falcões, em 2021, no Morro da Providência foi fazer um diagnóstico comunitário.

Vista do Morro da Providência, ilustrando as diferenças e desafios topográficos.

Ao chegar à sede da ONG Entre o Céu e a Favela, um varal na sala principal pendura os números a serem superados. Por estar numa área mais baixa, ali ainda chegam coleta de lixo e alguma água encanada, o que permite a estruturação de um trabalho que vem transformando a autoestima geral. O espaço se tornou um ponto seguro de encontro e de acesso a serviços. No primeiro dia em que estive lá, moradores chegavam para buscar os botijões de gás que estavam sendo distribuídos pela Petrobras numa parceria com a GF.

O número principal do diagnóstico que fortalece as ações do Favela 3D é o seguinte: 85% dos entrevistados TÊM ESPERANÇA de que projetos sociais PODEM melhorar a QUALIDADE de vida na favela.

Cintia Santana, atriz e fundadora da ONG Entre o Céu e a Favela, fala sobre a importância de compreender os níveis do que está envolvido ali. Há muitas nuances:

"Você vai descascando e a cebola tem muitas camadas; o Favela 3D abraça isso. Porque não adianta eu atender as crianças, mandá-las de volta e elas não terem o que comer, enquanto a mãe está sofrendo violência. Você tem que olhar essas pessoas integralmente. Quando eu aceitei entrar no Favela 3D, entendi que essa é a solução. A gente está num morro de 125 anos, a primeira favela da América Latina, mas as pessoas de fora dão mais importância pra isso do que as pessoas de dentro. A gente está numa favela que já viveu muitos processos, de gentrificação, de remoção das pessoas".

A ONG atua há dez anos na Providência e se tornou a facilitadora da implantação e execução do Favela 3D na área. Cintia Santana, antes de se tornar uma empreendedora social, se apresentava em espetáculos pelo grupo Tablado. Foi quando teve uma epifania no palco e entendeu o significado da palavra autoestima. "Me entendi como favelada. Com mais de 20 anos, só então descobri o que era autoestima. Dava aulas pra todas as crianças da comunidade com uma lona embaixo do braço e comecei a entender a dinâmica da favela. As ONGs não se falavam, porque não havia comunicação", conta. Quando as ONGs que atuavam eram de fora do território, os trabalhos eram interrompidos, e isso criava uma desconfiança na comunidade.

Naquele momento, Cintia criou um coletivo, o embrião do que viria a ser a ONG. Na época, trancou a licenciatura em Teatro na universidade para se dedicar a esse trabalho de inclusão. Desde 2020, passou a ser acelerada pela Gerando Falcões. Em 2021, Cintia se formou na Falcons University, o curso de formação de lideranças dentro da Gerando Falcões.

Cintia conta: "Quando chegou o Favela 3D, em 2021, começamos a ir mais fundo. Eu moro aqui, [assim como] minha família, minhas amigas. Quero melhorar esse lugar pra mim. Eu amo fazer isso, eu amo o Rio, apesar de tudo. Vejo uma oportunidade de ir pra um lugar que com uma ONG eu não iria, [pois] com a ONG tem limitações. Tripliquei o número de atendidos, minha gestão deu um salto, saiu de dez pra cem. Eu tinha quatro voluntários na pandemia, hoje tenho 24 funcionários que recebem salário: 50%

[do lucro] é nosso, 50% é das famílias. Atendo cinco vezes mais pessoas e começo a me reconhecer como empreendedora social. [É assim que] você começa a entender suas potências", completa Cintia.

Entender as potências da Providência é investir nas mulheres, começando por ouvi-las mediante a construção de vínculos. Elas são maioria na comunidade e 45% são mães solo. Dessas, mais da metade não trabalham nem estudam porque desempenham funções no lar e não têm com quem deixar os filhos. As visitas das equipes da Secretaria Municipal da Mulher são frequentes para a participação de reuniões do *Programa Decolar Mãe*. Na Providência, o Favela 3D começa por trilhar a jornada de superação da pobreza em mulheres, apesar de as ações em curso terem impacto em toda a comunidade.

Beatriz Francisco, coordenadora do *Programa Decolagem*, explica que essa abordagem é importante porque as mulheres estão mais vulneráveis: "Há um maior número de mulheres com alto índice de vulnerabilidade, por isso o *Decolagem* tem o foco inicial nas mulheres chefes de família, com as quais fazemos um trabalho sistêmico. [É uma] trilha personalizada pra cada família. [A família] recebe as visitas das assistentes sociais, que as conectam com serviços públicos e atividades das ONGs, criando a jornada pra que a família chegue naquele sonho. Começam com as questões mais emergenciais – alimentação, violência, criança fora da creche. Hoje, temos 61 mulheres no total. Um sonho muito comum é a vontade de estudar, de voltar pra terra natal, de ter comida na mesa. A pobreza tem vários elementos que impactam, a depender da percepção geográfica".

O que não depende da posição geográfica é o medo da fome. No Morro da Providência, oito em cada dez moradores dizem estar preocupados em passar fome por falta de dinheiro. Pelas condições de um terreno conflagrado, ocupado por poderes paralelos e com minilocalidades, o Favela 3D começou por entender as questões de cada setor. Quando chegavam para mobilizar, havia uma disputa de fala sobre quem estava em piores condições. Edu Lyra teve a primeira conversa com os moradores sobre o Favela 3D em junho de 2021. Cerca de sessenta apareceram num primeiro momento e se dispuseram numa roda. A partir dali foram feitas dezoito oficinas em vários pontos da comunidade, em todas as zonas. As reuniões duravam cerca de três horas, em que eram explicadas as mudanças que o projeto traria.

Sobre as reuniões, Cintia Santana afirma: "Foram importantes porque, em todas elas, os moradores confiaram. Eu aprendi muito. A Providência é uma favela muito grande. O Favela 3D é um projeto muito desafiador. Essas relações me desafiam muito, [porque] as pessoas não acreditam mais no RJ. Eu acredito em mim, na minha equipe, na GF, mas a cidade chegou num lugar em que as pessoas que estão junto, patrocinando, desconfiam".

Primeiro território: Pedra Lisa

Pela inviabilidade de atuar simultaneamente em todo o Morro da Providência, as ações do Favela 3D estão concentradas na Pedra Lisa. A região está entre os três lugares mais vulneráveis da comunidade, onde o normal é ficar dias sem água e sem saneamento, onde tem muita área de risco e territórios conflagrados por poderes paralelos.

Cíntia Santana explica que a decisão de começar por uma primeira região foi estratégica: "Decidimos focar na Pedra Lisa, onde temos um controle maior. É um lugar mais vulnerável. Ali estão 401 casas, cerca de 1.600 pessoas. A gente embarcou 28 famílias nos últimos dois meses. Dessas, dezesseis já eram da Pedra Lisa. Como foi no meio do caminho, das 38 que entraram, 35 são de lá. Porque a ideia é focar lá. Dando certo, cria visibilidade e mostra pro restante da favela [que deu certo]. Tem oito pessoas focadas no Favela 3D, colocando as soluções em prática e cursos pra todo o território da Pedra Lisa, onde também estão as obras mais significativas. Os parâmetros da Pedra Lisa é que serão analisados".

Serão dois anos de trabalho na área e os primeiros meses já são mais coloridos. Os olhos testemunham isso logo na entrada, que foi pavimentada depois da visita de um arquiteto que conversou e decidiu todo o processo junto aos moradores. A próxima etapa é a reforma da quadra e, enquanto as intervenções estruturais vão se organizando, as mães da comunidade *decolam*.

As mulheres ingressadas no *Programa Decolagem* estão construindo autoestima e se conhecendo ao conhecer a cidade onde vivem, já que passeios pela cidade estão no cronograma. Visitam cartões-postais, vão ao cinema pela primeira vez. Quando estiveram no Jardim Botânico, localizado num bairro da zona sul da cidade – que muitas frequentam como empregadas domésticas – se surpreenderam com o ar limpo e a quantidade de árvores, nos quais nunca haviam reparado. "Vocês estão trazendo dignidade pra gente", disseram na ocasião. A primeira sessão de cinema da maioria não podia ser mais sugestiva: as mães da Providência assistiram ao filme *Medida Provisória*, de Lázaro Ramos, uma obra que, apesar de recente, já se concretiza como um clássico antirracista, sobre resistência e engajamento preto.

Nos grupos de convivência das mulheres, há espaço para se criar vínculos e identificar traumas, bem como caminhos de superação. As histórias são colocadas em desenhos e fotos antigas. Cíntia me diz que, nesses contextos de exclusão social sistêmica, o trauma muda como você é, altera seu cérebro, gerando negação de muitas experiências pregressas e violentas. "Elas não queriam lembrar, mas hoje já falam mais [sobre isso], e estão criando um senso de comunidade pra além do desespero. A ideia [é] estar junto por direitos, para estar bem, [e se cria] essa rede feminina. As pessoas que têm rede de apoio correm muito menos risco de passar por situações de vulnerabilidade", me diz.

Nas reuniões, outro problema passou a ser enfrentado: a gravidez precoce. O Morro, há poucos anos, era um lugar com altíssimo número de meninas grávidas, com a primeira geração, em média, aos 13 anos. Diagnosticaram uma questão geracional, que se repetia com as mulheres da mesma família.

O grande desafio para o restante do morro dar certo e ter continuidade é que a Pedra Lisa crie um senso de pertencimento e de comunidade. Isso envolve a relação com o lixo, com o entorno, os equipamentos públicos e a cobrança conjunta pela adequada prestação de serviços. Com o avanço do Favela 3D no território, os laços internos se ampliam numa teia poderosa de resiliência e conhecimento. Mas nada funciona se a fome estiver presente, pois o pensamento dessas mulheres está, primordialmente, em garantir alimento para os filhos no momento presente.

A insegurança alimentar atinge a maioria das famílias atendidas na área. Para encarar isso, as famílias inscritas no *Programa Decolagem* têm um cartão em que recebem crédito para não faltar comida. O valor é definido pela quantidade de crianças na família. Garantindo o alimento em casa, as mulheres conseguem participar mais ativamente das conversas e capacitações. O mesmo foi feito na comunidade pilotada em Maceió – sobre a qual falaremos no capítulo 6 –, em que se COMPAROU o engajamento das famílias para aprimorá-lo.

"Se você não pegar essas pessoas pelas mãos e ajudá-las a falar, elas nem sabem o que é lugar de fala. É um processo profundo; não é uma obra que vai resolver, porque o barraco está dentro [da pessoa]. Ela vai agir como se estivesse no barraco. Eu acho [a mudança] possível; vamos trabalhar pra isso, pra entregar e fazer", afirma Cíntia.

Aprendi nas visitas à Providência que naturalizar o medo é uma forma de adoecer. Tomar consciência disso é uma grande revolução de partida para a superação da pobreza crônica. Aliás, para que isso não ocorra mais com as novas gerações, um curso de política para as crianças da Providência está sendo formulado no Favela 3D da região.

O que o modelo Providência ensina

Das quatro comunidades pilotadas pelo Favela 3D, sem dúvida, a Providência tem a operação mais complexa. Isso se dá pelo tamanho do morro, que é densamente povoado e tem um histórico de muitas intervenções políticas de poderes paralelos. Considerada a favela mais antiga do país, bem no centro do Rio de Janeiro, a Providência já viveu muitas tentativas de remoções. Há muitos estratos sociais dentro da mesma área – quanto mais alto, mais pobre – e há ainda uma parte do morro que é dormitório, de pessoas que só dormem, e não criam uma relação afetiva. Além disso, há muitos obstáculos junto ao poder público, mesmo que este já tenha muita presença no local.

É um cenário bem diferente da Favela Marte, por exemplo, onde já existem um controle e conhecimento de toda a área. Na Providência, é preciso ter muita agilidade e organização, porque as condições mudam rapidamente. São muitos atores com os quais você tem que se alinhar o tempo todo. E todas essas vivências servem de experimento para a implementação em outros territórios com perfil semelhante.

A Providência já tem algumas ONGs estruturadas; portanto, para a implementação do Favela 3D, foi preciso um contato com outras lideranças. Cíntia confessa que não é uma tarefa simples, mas, ao final, une e fortalece. "Falar com outras pessoas, trocar, ter apoio... isso não tem terapia que dê conta. Temos um grupo de conversas em que dou e recebo mentorias. Nos encontramos toda quarta de noite e a ideia agora é que [essas pessoas] me ajudem nas ações dentro da Pedra Lisa, cada uma com sua expertise e área de atuação. Muitas líderes, aliás, entraram para a Falcons University."

Segundo Nina, diretora do Favela 3D na Gerando Falcões, diferentemente do que se deu nas outras três comunidades pilotadas, num primeiro momento, o poder público vai atuar de forma diferente, segundo demandas específicas que serão enviadas às secretarias municipais. A GF reivindicou melhorias em coleta de lixo, creche, luz e ações de revitalização. "A ideia é aproveitar as atividades que já existem na ONG e potencializar, incorporando ao Favela 3D", completa Nina.

Sonhar

Ainda que o sonho não esteja no nome da comunidade, está no desejo de qualquer impactado pelo Favela 3D. Na escadaria que leva até a sede da ONG Entre o Céu e Favela, os degraus fazem uma pergunta: qual é o seu sonho? A organização atende todo mundo; só não pode entrar armado, é o que me diz Cíntia, que também se mobiliza pelos próprios sonhos. "Quando tive acesso à minha autoestima, comecei a sonhar. Sonhar muito, com coisas que eu nem sabia que existia. Todo dia a ONG está num novo lugar, [e essa] é a minha satisfação. Não existe mais uma limitação de onde posso chegar, [então] quando vejo essa limitação nas pessoas, me atravessa muito. E, quando a limitação é a fome, resolver a fome [é o maior desafio]. Depois disso, conseguimos sonhar."

Cíntia esteve em Medellín e, agora, quer que a Pedra Lisa se torne uma versão brasileira da transformação social vivida pela cidade colombiana – que vai receber um capítulo deste livro mais adiante. O sonho da empreendedora social é acabar com todas as formas de violência que enterram as pessoas no lugar que elas amam e de onde não querem sair. Querem ficar, com oportunidades e visibilidade.

Escadaria no Morro da Providência no caminho para a sede do projeto Entre o Céu e a Favela.

Cíntia Santana, fundadora do projeto Entre o Céu e a Favela.

"*A minha autoestima estava em algum lugar, mas estava esmagada.*"

Cíntia acredita que um dos grandes papéis da Gerando Falcões é trazer uma nova interpretação e sentido para quem vive nas favelas.

"O que a Gerando Falcões está fazendo é ressignificar. Os moradores não gostam de dizer que vivem em favelas, porque as pessoas lá fora não gostam de favela, associam a um lugar horrível, de bandido. Só há senso de comunidade em emergências. Já cheguei a perder edital quando as pessoas viam que tinha o nome da ONG [vinha acompanhado de "favela"]. A GF cria o Favela 3D, e o termo entra na boca de gente influente. É uma reeducação, uma ressignificação de quem a gente é e de onde a gente veio, e o Edu leva isso pro mundo", conta ela.

"Essa distorção é de fora, não é nossa. As pessoas precisam se olhar e se ver [na gente]. A gente tem que fazer dar certo, porque tem muita coisa em jogo e que depende de nós. Eu acredito muito [nisso], senão eu nem levantava [da cama]. Quero provar que é possível. Estamos numa cidade que é da milícia e do tráfico e, no meio disso, [existem] os governos, os empresários e a polícia, decidindo de que lado ficam. Mas as favelas têm um poder muito grande, uma potência enorme, se a gente acordar. Se a gente se entender nisso, vai mudar, porque a gente é a mão de obra da cidade. A maior bandeira do Favela 3D é a autoestima. Vamos olhar pra quem a gente é."

> "A expansão da desigualdade diminui nossa estatura como cidadãos. Nos enfraquece como humanidade. O enfrentamento à pobreza, porém, nos eleva como sociedade. Não podemos desistir dessa luta. Nunca."
> —Edu Lyra

CAPÍTULO 6

Vergel, do sururu ao Sururote

"Muita coisa mudando, né, Kathleen?"
"Muita, principalmente na minha mente."
"Como assim?"
"Meu esposo diz que eu penso muito além. Eu digo que não; esse é o meu desejo de ir além. Eu quero e vou conseguir, porque eu sempre esperei e, agora, tive uma oportunidade como essa. Agora é agarrar e ir."

Não há limites para a mente despertada de Kathleen, a jovem que estudou até a oitava série do antigo Ensino Fundamental. Aos 26 anos, ela tem três filhos e, pela primeira vez na vida, enxerga um outro horizonte possível. A pequena grande revolução em andamento está num cantinho da sala do apartamento para o qual a família se mudou há poucos meses – é a primeira vez que Kathleen mora numa casa de alvenaria. Ali está seu "espaço de beleza", como já chama, mas também a possibilidade de uma nova vida. Literalmente.

"Quero fazer o design, comprar uma mesa maior e ir arrumando", diz ela, se referindo à ampliação da área onde já atende os primeiros clientes. Por enquanto, uma mesinha com duas cadeiras e um suporte na parede com os primeiros frascos de esmalte simbolizam a virada de uma família do Vergel, a quarta comunidade pilotada pelo Favela 3D.

Kathleen, assim como as outras 206 famílias decoladas no projeto até aqui, passaram a vida à margem de direitos, vivendo em barracos, numa área negligenciada pelo poder público de Maceió. Mas os tempos são outros. A resignação teve, até aqui, morada no desconhecimento dos próprios direitos. Não mais.

"Você já parou pra pensar que não foi só você que deixou de ir pra escola e que perdeu direitos e oportunidades que deveriam ser dados como foram dados a mim?"

"Não..."

"Você acha que foram apenas as suas escolhas?"

"São escolhas nossas. A gente colhe o que planta."

"Como foi sua infância? Sua casa?"

"Na favela, desde sempre."

Hoje, a maior demanda do Favela 3D em Vergel é nos atendimentos psicossociais. Uma vez que entenderam os efeitos das mudanças de consciência em si mesmos, os moradores querem falar dos problemas e traumas que levaram a pobreza a ser uma companhia constante e naturalizada.

No Instituto Manda Ver – ONG acelerada pela GF e implementadora do Favela 3D na região –, há psicólogos e assistentes sociais todos os dias. Afinal, há demanda diária. Cada vez mais, os assistidos vêm, por iniciativa própria, pedir ajuda.

Há muitos processos violados. Chamados no fim de semana para atender a crises de surto psiquiátrico não são incomuns, assim como os casos de violência doméstica. Esses chamados só são possíveis por um vínculo de confiança fortalecido com o tempo e isso é muito comemorado entre as equipes. É nas **escutas não formais** que nascem as pautas mais urgentes.

"Nesse último ano, com o *Decolagem*, houve uma explosão de denúncias de mulheres vítimas de violência. [Também] começamos a ver muitas crianças vítimas de violência, que não tinham noção do que viviam, tinham medo de falar. O Conselho Tutelar é um parceiro do Favela 3D. Resgatamos uma mãe de uma delegacia onde ela tentava denunciar maus-tratos ao filho e foi desacreditada", me diz Lisania Pereira, presidente do Instituto Manda Ver.

Uma das maiores demandas é a emocional. As famílias ficaram muitos anos na ausência de políticas públicas, acumulando dor emocional e traumas enquanto ouviam promessas de intervenção. Há ansiedade e depressão, mas também uma pressa em falar e lembrar vivências do passado. O que leva a um diagnóstico muito comum: os mais vulneráveis, que sempre viveram à margem dos direitos, entendem que a razão pela qual estão naquela situação reside nas próprias escolhas. É uma autopunição pesada de se carregar.

"Montamos uma rede para mostrar aos moradores que o mal que eles vivem não é normal. A dor que eles têm pode ter uma solução – a dor de não ter um direito básico, um emprego. O *Decolagem* tem essa profundidade, [já que há] mais profissionais qualificados para olhar as particularidades e trabalhar o núcleo familiar", completa Lisania.

Vinda de uma família simples, formada em Administração através de incentivos sociais, estudiosa e apaixonada pelo universo das finanças, cresceu vendo os pais se mobilizarem em ações sociais com as crianças no interior de Alagoas. Ela diz ter sido criada sem saber o que significa diferença de classe social, especialmente ao vir de uma base em que "todo mundo sabe o que é viver privações".

"Quando alguém aparecia em casa pedindo comida, meu pai dava o alimento, mas colocava a pessoa pra dentro de casa e oferecia um banho. E, se fosse uma criança, ele perguntava primeiro onde estavam os pais. Pra dar mais coisa pra criança, queria entender quem era aquela pessoa. Eu achava isso muito massa."

Lisania começou a atuar como voluntária, já morando em Maceió, mas num trabalho social diferente do que a gente tem hoje: um terceiro setor organizado, com gestão e metas transparentes. Até então, ela só conhecia o social assistencialista. Foi quando a Gerando Falcões chegou a Alagoas, em 2018, que recebeu o convite para atuar, para valer, no social. Apesar de reconhecer o resultado mais imediato daquela doação de tempo em tantos Natais e Dias das Crianças, algo a incomodava.

"Muito antes de conhecer a comunidade do Vergel, eu já estudava sobre a geração de renda e tinha uma lacuna dentro de mim que não fechava. Isso, até eu começar a entender que a quebra do ciclo da pobreza poderia acontecer a partir do empreendedorismo. Quando vim pra cá, tudo aquilo que eu havia estudado nos livros, em cursos, começou a fazer sentido. Pra mim, a quebra do ciclo da pobreza envolve produtividade. E o Vergel é um território produtivo", conta ela.

"Todo território empobrecido é produtivo. O que ele tem são camadas em cima dessa produtividade. Tem um atravessador, uma pessoa com uma mazela emocional, que não compreende o que ela está fazendo, que não consegue acessar a primeira porta nem oportunidade, mas que sonha. Eu comecei a compreender que a produtividade do ser humano – que é natural, todo mundo tem essa capacidade – é tirada das comunidades empobrecidas. [A capacidade de produzir] lhes é tirada."

Um novo cotidiano possível com o Sururote

Se você quiser chegar a Vergel com algum poder de compra, chegue com alguns sururotes no bolso. A moeda social local é usada para trocas de serviços entre os moradores e já é um bem escalado no comércio do entorno.

Para transações bancárias, basta se deslocar até o banco comunitário, que, desde o final de 2020, oferece crédito à população local. A conquista saiu de um edital da Gerando Falcões, antes mesmo do Favela 3D e, agora, foi incorporada ao projeto. Todas as famílias inscritas no *Programa Decolagem* recebem 200 reais por mês, em sururote. A maioria do dinheiro nem chega a ser convertido para reais, porque já é usado no comércio local, criando, assim, uma riqueza também local. Esse pilar de geração de renda ESTÁ MUITO FORTE e é incorporado por toda a comunidade.

Lisania conta que o sururote acaba se tornando uma alfabetização financeira para as famílias. "Por isso é importante não ser digital. Entregamos os 200 sururotes por mês com valores variados; as crianças manuseiam pra comprar uma bala, por exemplo. Estamos ensinando a ganhar, gastar e poupar. Já percebemos como as crianças percebem o valor, o custo daquilo."

Assim, também se dá dignidade e poder de escolha. Famílias que muitas vezes só recebiam cesta básica, agora têm o sururote e a possibilidade de escolha, de fazer o que quiser com aquele dinheiro. Elas vão para os comércios locais e são tratadas como consumidores. **A comunidade para de ser conduzida a fazer as coisas e faz as próprias escolhas.**

O design dos sururotes foi feito com os moradores, usando imagens que têm significado para a comunidade.

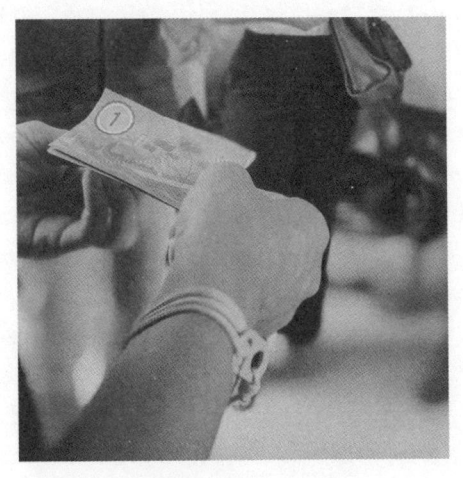

Moeda de um sururote.

A imagem central representa a comunidade, um pescador com prática pegando marisco. *As linhas tracejadas simbolizam o movimento da lagoa.*

Moeda de 50 centavos desenho de uma garça, ave típica da região.
Moeda de 1 sururote desenho das casinhas onde gostariam de morar.
Moeda de 2 sururotes desenho do pescador.
Moeda de 5 sururotes desenho do próprio marisco, o sururu.
Moeda de 10 sururotes desenho da marisqueira, figura fundamental no processo de manufatura do sururu, vista como central na transformação social do Vergel.

O sururote é reconhecido e ligado à rede de bancos comunitários. Cada valor tem uma cor diferente, e as cédulas são fabricadas com número de série. Além disso, há uma preocupação com o material, resistente à água, já que o dinheiro circula numa região ribeirinha.

Lisania considera incompletos os modelos tradicionais de auxílio social financeiro. "Quando eu mantenho toda uma comunidade à base de auxílios, eu estou dizendo que ela não precisa produzir porque já tem um pouquinho, aí ela vai sendo condicionada aos programas sociais. Pra tirar uma pessoa da pobreza, eu preciso recuperar a capacidade dela de produzir, sejam ideias, algo material, serviço ou a própria mão de obra", defende.

Por isso, um modelo integrado como o proposto pelo Favela 3D aponta caminhos para políticas públicas mais efetivas. O Instituto Manda Ver foi o "protótipo do Edu Lyra", tendo sido a primeira ONG, no Brasil, acelerada pela Gerando Falcões. Tudo, em termos de expansão, foi testado ali. Nessa época, idos de 2018, a comunidade do Vergel levava o IDH da região lá para baixo. E, além disso, o restante da cidade tinha uma visão muito estigmatizada do território. A GF começou com oficinas de esportes e lazer e, depois, capacitação profissional e com o Favela 3D veio a ação em 360 graus.

"Viramos referência na rede porque começamos já com um modelo de gestão, como negócio. Primeiro construímos visão, missão, valores. Não existia ONG, apenas pessoas locais, que tentavam fazer alguma coisa", diz Lisania.

A pandemia gerou uma paralisa no Estado, que ainda não tinha uma pronta resposta à crise sanitária. Esse foi o primeiro grande desafio para a ONG. Eles montaram três pias com água e uma placa: lavem as mãos. Para a surpresa da organização, eles perceberam que as crianças também bebiam a água. Foi um choque. Mais de 18 mil pessoas foram atendidas no período, gerando repercussão na cidade. Foi quando a sociedade começou a entender que precisava ajudar e aquele era um caminho seguro.

O poder público também despertou. Em 2020, teve início uma dolorida remoção das primeiras famílias para a construção dos conjuntos habitacionais. No Favela 3D, a prefeitura entra com a parte da infraestrutura e a GF, com o software, com o cuidado com a pessoa e com encaminhamento para trilhas de desenvolvimento pessoal, além de colaborações importantes na parte de humanização dos processos.

"A prefeitura entregaria apenas a casa e ponto. No entanto, a partir das intervenções das conversas, já começaram a pensar no entorno, começaram a fazer soluções de lazer e investiram em limpeza urbana. Tudo isso foi fonte de diálogo com o Favela 3D", destaca Lisania.

Para Nina Rentel Scheliga, diretora do Favela 3D, o grande desafio é conciliar as forças:

"Os acertos com a prefeitura foram vários e o desafio sempre é a sincronicidade do timing de resposta de todos os envolvidos, para que as nossas entregas e as do poder público aconteçam de forma orquestrada, alcançando diferentes expectativas. O governo é parceiro, mas o diálogo é sempre exigente. Tem várias questões. A parte habitacional [por exemplo] é muito complexa. Decidimos aguardar pra saber quais famílias iam ficar, porque a gente queria focar naquelas que iam para os prédios e, assim, começar de forma organizada, por um critério comum. A maioria ali é de gente que trabalha com marisco; são pescadores. Há um pedido nosso pra construção de um píer com o objetivo de criar o turismo de experiência. Para agregar agilidade, nesse território decidimos contratar uma pessoa pra apoiar a prefeitura na gestão interna de projetos".

Atualmente, 23 pessoas do Instituto Manda Ver tocam, exclusivamente, o Favela 3D. Katlheen, nossa personagem do começo deste capítulo, representa uma das 160 famílias que já se mudaram para os primeiros apartamentos entregues. Isso é só o começo.

"É muito gratificante dormir e acordar no próprio apartamento. É a primeira vez que [tenho] um chuveiro e conta pra pagar. A água falta dia sim, dia não. A energia chega em casa, mas falta luz nos postes da rua. Controlo as meninas no chuveiro. É bom demais", compartilha animada.

As famílias não pagam aluguel, mas foram colocadas num novo cenário de consumo e custo de vida. Por isso, enquanto aprendem a viver numa casa com água encanada, também correm atrás da renda para manter tanta novidade. Kathleen, que é manicure, cobra 15 reais por cliente e já faz sobrancelha com hena, tudo aprendido numa capacitação feita com uma outra moradora, que já havia sido beneficiada por um curso da parceira Rede Mulher Empreendedora.

"Não é só pra mim, é para as minhas filhas, pra minha família. Muitas famílias estão se reconhecendo e se desenvolvendo com esse projeto. Tenho amigas trabalhando com artesanato, calçados... A mudança está acontecendo em cada apartamento. Tem parquinho do lado. Nunca teve essas coisas. O Vergel está mudando. Pela primeira vez, no réveillon, teve palco com música, fogos de artifício e telão pra ver os jogos; não precisamos ir para a Orla. É a primeira vez que a gente vê isso", conta Kathleen.

Kathleen e seus filhos, na janela da nova casa.

Desenvolvimento atrai desenvolvimento

Quando conversei com Kathleen, já havia cinco meses que ela morava na casa com as três filhas e o marido, que também acabara de conseguir o primeiro trabalho com carteira assinada através do Favela 3D, que fez um trabalho em rede com as empresas da capital alagoana. Com a pequena renda que já levantava como manicure, mais o auxílio em sururotes e a linha de microcrédito do banco comunitário, Kathleen fazia as primeiras economias da vida. Só gastava se fosse para repor alguma mercadoria. O objetivo era divulgar mais o próprio trabalho, aumentar os clientes e ampliar o espaço.

As mulheres embarcadas no *Decolagem* que começam a empreender podem solicitar um cartão de microcrédito no valor de 1.500,00 reais. Nos primeiros sessenta dias, os gastos são acompanhados e orientados pela equipe do Favela 3D e, só depois, uma pequena taxa de administração começa a ser cobrada para que haja a consciência do gasto.

Kathleen não encontrou uma simples ocupação: descobriu um ofício que adora e com o qual constrói perspectivas. "Eu precisava disso. Só precisava de uma oportunidade. Fiz o curso de capacitação e tive acesso a um microcrédito. Investi em mercadorias, na mesa, na cadeira e em material. Quero ajudar a mulher a se olhar, se cuidar. Eu vejo tantas dizendo que não têm tempo. Temos que tirar um tempo pra gente. Olhar pro espelho e me ver arrumadinha é muito bom, dá força, autoestima. [A gente] só precisa se cuidar, porque a gente [já] é linda."

Ao final da conversa, relembro Kathleen sobre o que falávamos no começo do papo. Digo que falei sobre acessos e direitos porque a gente cresce achando que tudo bem ser daquele jeito e muita gente tem acesso a isso desde sempre. "É justo que você tenha acesso a isso, entende? Como cidadã. É justo que seus filhos tenham acesso a uma casa limpa e com estrutura. É justo que você possa ter um momento de lazer perto de casa. Isso é um direito que você tem e que está chegando", eu disse a ela, dando um abraço feminino. Espero voltar ao Vergel com horário marcado no salão que Kathleen pretende abrir no futuro. Desejo muito isso a ela. Aliás, salão não – espaço de beleza.

Nina Rentel Scheliga me conta que a ideia de trabalhar com as famílias apenas após a entrada nos apartamentos foi uma decisão estratégica para tornar possível um melhor controle de dados. "O maior problema é que a gente sabia que as contas de água e luz iam começar a chegar, e a gente não teve tempo de incrementar a renda das famílias. A gente precisa educá-los sobre o uso da água e da energia, porque eles não tiveram essa oportunidade. Foi uma favela que queimou pneu a vida toda pra lutar pelos seus direitos e, agora, vai ligar pra concessionária de luz pra resolver um problema de conta. Isso é o trabalho de desenvolvimento social que é fundamental pra combater a pobreza de forma sustentada", completa ela.

Além do trabalho de zeladoria feito direto com as famílias, o Favela 3D também investe na formação de líderes sociais dentro da própria comunidade, pois há uma preocupação para que os prédios sejam mais colaborativos entre si. Afinal, quem limpa os corredores? É preciso criar uma cultura quase de condomínio. Assim, o primeiro curso formou dez lideranças. Muitos se alfabetizaram na formação e, agora, fazem a interface e se preparam para serem os responsáveis pela gestão condominial. Eles criam juntos um modelo social de sindicância para resolver os próprios conflitos e reivindicar direitos da forma certa junto às autoridades. Uma das mudanças recentes foi a contratação de uma empresa especializada em trabalho técnico-social com os ribeirinhos, para fazer um modelo que será replicado em outros territórios com o mesmo perfil.

O novo Vergel

Em Alagoas, o Favela 3D acontece num território ribeirinho muito insalubre que parecia invisível aos olhos das autoridades. Ainda assim, quando eu cheguei para conhecer a comunidade, no início de 2023, os moradores ainda falavam do primeiro reveillón local promovido pela prefeitura.

Um profundo diagnóstico da área vai sendo feito enquanto o Favela 3D decola. A maioria dos moradores trabalha com o sururu e a pesca. Embora haja grupos extremamente pobres, com renda média de 300 reais por família, é uma comunidade muito trabalhadora e sabe aproveitar as oportunidades. As histórias são as mais inspiradoras e passam pelas cascas do sururu que, hoje, estão espalhadas por áreas de secagem ao sol.

Em 2018, quando o Instituto Manda Ver começou a trabalhar no território, a comunidade produzia por ano cerca de oito toneladas de resíduos de casca de sururu, que ficavam às margens da lagoa do Mundaú, gerando um odor forte e sérios riscos para a saúde. Mas, por trás da insalubridade, havia riqueza. Isso porque a casca do sururu é rica em cálcio orgânico, além de ser de uma beleza natural e única. Assim, a revolução empreendedora do Vergel precisava começar pelo sururu.

Hoje o mexilhão é matéria-prima de um cobogó de altíssima estima no mercado de arquitetura, com direito a designs e assinatura de Marcelo Rosenbaum, um antigo parceiro da Gerando Falcões. O produto foi desenvolvido em parceria com o IABS (Instituto Brasileiro de Desenvolvimento e Sustentabilidade), e um centro de inovação começou a operar no Vergel com uma tecnologia local que transforma sururu em cimento chique. O que era LIXO virou produto de ALTO VALOR AGREGADO.

Lisania explica que há muito potencial na região: "Para viabilizar (comercialmente), criamos uma linha de crédito. Teve início um processo em que as marisqueiras encaminham o resíduo ao banco, pesam e recebem o valor em moeda social. A ideia é, no futuro, tirar os atravessadores, criando um centro de distribuição. No nosso banco, eles têm atendimento que não teriam num banco comum: os atendentes ouvem os anseios, monitoram os territórios pra garantir que a moeda esteja circulando e que eles estejam acessando serviços de qualidade com a moeda social. Fiz da minha paixão uma solução. O Vergel é um território muito empreendedor, eles só não têm noção por esse conceito. O banco, agora, mantém as riquezas dentro do território. Novos negócios começam a surgir como o da Kathleen. Usamos uma metodologia mais visual, mais prática, pra que eles possam absorver o conteúdo", conclui Lisania.

O passo principal para que o próprio Vergel negocie sua riqueza está na Cooperativa de Marisqueiras, que já conta com cinquenta mulheres. A presidente da Cooperativa, Vanessa dos Santos Silva, estudou na Falcons University – onde teve formação em empreendedorismo social – e hoje é quem lidera essas etapas de emancipação. As mulheres já circulam cerca de 50 mil sururotes por mês e os comerciantes parceiros que não as tratarem bem saem do circuito. Aliás, já houve casos assim. É o Vergel cada vez mais no mapa da cidade de Maceió e essa presença é essencialmente feminina.

"Ano passado, a Semana do Meio Ambiente foi aberta no território com uma grande infraestrutura. Isso nunca tinha acontecido, e a região abraça uma grande lagoa da cidade. Isso é parte de uma provocação dos territórios. Soluções itinerantes de saúde começaram a chegar, e sediamos um dos maiores postos de vacinação da cidade contra a Covid. Vergel passou a ser parte da cidade, um espaço com ações de impacto. A área tem as lutas mais complexas de infraestrutura, mas também as soluções mais rápidas. Vergel entrou na agenda da cidade. Apesar das articulações mais complexas junto ao poder público, o olhar começou a mudar, tem mais sensibilidade e mais recepção de escuta", celebra Lisania.

Durante a minha visita ao Instituto Manda Ver, a nova SEDE estava sendo construída para atividades com foco na leitura e na escrita das crianças. Um diagnóstico feito entre crianças de 8 e 9 anos que estavam espalhadas pelas vinte escolas públicas da área sobre os efeitos da pandemia indicou que a maioria não consegue escrever o próprio nome. Uma das "dores" – como são chamadas as demandas dos assistidos – ainda não curadas é a falta de creches no entorno.

Vários cursos vão rodar no novo espaço, um investimento do Favela 3D e de outros parceiros, onde as ações do *Decolagem* vão se desenvolver. Mesmo em projetos das ONGs que não estão diretamente ligadas ao Favela 3D, haverá ganho de agilidade, porque a infraestrutura do Favela 3D contribui com mais gente pensando, trazendo inteligência para o processo.

Fachada da nova sede do Instituto MandaVer.

Lisania me explica que é preciso pensar na comunidade e não na percepção que se desenvolve nos territórios. "Uma das grandes sacadas de construir solução para o Favela 3D é que a gente pensa a partir da comunidade, não das percepções [desenvolvidas] nos territórios. É pela participação da comunidade no território. A transformação vem a partir do vínculo das famílias. Antes do Favela 3D, a gente tinha 180 crianças atendidas uma vez por semana. Esse número passou para 620 assistidas de segunda a sexta, além de 600 jovens e das famílias Favela 3D. Tenho um time que saltou de doze pra cinquenta colaboradores. Antes, também, só tínhamos um espaço sede e um espaço cedido, agora estamos passando para quatro espaços", diz Lisania.

Nina Rente Scheliga, diretora do Favela 3D, me conta que logo foi possível perceber o potencial na parceria com o Instituto Manda Ver. "A gente já sabia muito bem quem ia assumir o território, que o Instituto Manda Ver tinha um perfil. Existe um líder comunitário por faixa da favela e a inserção do Manda Ver [tem] critérios claros, então, os sinais também eram claros de que a gente teria capacidade de trabalhar com toda a legitimidade."

Na pandemia, estreitaram laços do Instituto Manda Ver com a sociedade civil: o empresariado, o poder público e os poderes paralelos – onde há domínio do tráfico – se ampliaram. Hoje, a ONG vive de doações de grandes empresas parceiras nacionais, de parceiros locais e de doações de pessoas físicas, além desse aporte do Favela 3D, que se aproxima dos 2 milhões de reais desde 2022.

Eu gostaria de ter visitado o Vergel em um dos "DIAS M", quando 100% do escritório do Instituto Manda Ver – do diretor ao faxineiro – vai para a comunidade interagir com os moradores, construindo coerência. Os assistentes sociais são cobrados a saber tudo sobre cada família: componentes, quantas crianças (na escola ou não), escolaridade e histórico de trabalho, por exemplo. E, a partir daí, buscam capacidades para aquela família começar a produzir renda. Os assistentes sociais estão na rua o tempo todo, usando ferramentas tecnológicas, mas, acima de tudo, com aproximação.

Lisania conta que, quando embarcou as primeiras famílias no *Decolagem*, reuniu todas para explicar o que aconteceria. Apresentou os assistentes sociais e falou da regra que viria com a promessa de quebrar todo o circuito de dor que aquelas pessoas tinham por estar numa favela, sem ser vistas ou ouvidas; Lisania ainda se colocou como a pessoa que ia receber as denúncias diretamente de cada um, caso algum assistente social se ausentasse.

"Ficaram assustados num primeiro momento, não acreditaram que ia ter uma assistente social própria. Desde o princípio, prezamos pela qualidade do atendimento. Se for pra ser como os serviços públicos foram até ali, em que eles ficavam no sol, em filas, esperando três dias pra ser atendidos, a gente não faz o programa. Não faz sentido. Se eles batem na porta, vão ser atendidos, porque começa por romper esse trauma. Podemos não ter uma solução na hora, mas vai ter atendimento", completa Lisania.

Uma das grandes lições da Gerando Falcões em Maceió diz respeito aos ciclos políticos. A chegada de eleições no meio da implementação de bases estruturantes do programa – a depender da cultura e conjuntura política local – compromete os resultados. Dar a largada com novos governos, em início de mandato, aumenta as chances de se dar continuidade no timing desejável. Para a atual prefeitura, fica o desafio de cumprir a promessa de entregar os apartamentos restantes e de criar estrutura de atendimento básico em saúde e educação no perímetro que abraça essa comunidade inspiradora.

Saí do Vergel com o sabor do sururu na boca, a beleza do pôr do sol mais bonito da cidade na memória e um sonho na cabeça: chegar, da próxima vez, pelo píer que foi prometido a essas famílias. O mundo vai poder chegar lá e viver essa experiência única, posso atestar.

> "O ser humano é capaz de realizar qualquer coisa, mas antes de começar, ele precisa dedicar um tempo pra se convencer disso, colocar toda a sua energia, força e emoção para proteger os seus sonhos das armadilhas emocionais."
>
> —Edu Lyra

CAPÍTULO 7

As experiências que inspiram

Medellín e um cara chamado Jorge Melguizo

Nas minhas primeiras conversas com Edu Lyra para começar a pensar neste livro, a cidade colombiana sempre aparecia nas pautas. A primeira frase que ouvi dele sobre isso foi: "Medellín mudou a minha vida. Lá os bancos são largos na periferia, a calçada do melhor bairro é a mesma da favela".

Existe uma agenda e um lugar para todo mundo. Combater a pobreza é sobre integrar, compor um outro ecossistema, construir uma nova convivência possível, reconfigurar o olhar sobre o outro. Voltamos à urgência de uma repactuação ética para extinguir a miséria do Brasil.

A história de transformação de Medellín é um *case* internacional. Conhecida, na década de 1990, como a região mais violenta do mundo devido ao narcotráfico, a cidade viveu um projeto de restruturação que a levou para outro lugar.

Jorge Melguizo, um ator central nesse processo de virada, já viajou o planeta compartilhando os aprendizados e caminhos escolhidos que tornaram isso possível. Ao final, é sobre mudar a mentalidade e a forma de se ver a pobreza e as pessoas em situação de pobreza. A pobreza é uma condição e manter um país com milhões em situação de pobreza é uma escolha consciente de governos e de todos nós. Segundo Edu Lyra, toda essa visão foi a grande influência para que surgisse o Favela 3D. "Jorge Melguizo viveu todo o processo de mudança social em Medellín e foi um dos líderes da revolução. É certo dizer que Jorge, do ponto de vista social, é a figura que mais me influenciou durante a criação do Favela 3D. Ele tem prazer e uma alegria incomum em ensinar."

Apesar do ex-Secretário de Cultura de Medellín já ter falado em muitos momentos, a seguir você acompanha uma entrevista de quando conversamos – em julho de 2022 – sobre esses caminhos a partir da perspectiva do Favela 3D e das dinâmicas particulares do Brasil, um país que Jorge Melguizo visita com frequência e pelo qual tem imensa estima.

Assim como eu, Jorge viveu a excêntrica experiência de pisar em Marte, depois de uma viagem no jatinho de Jorge Paulo Lemann, e tem sido um conselheiro de extrema relevância para a Gerando Falcões.

Aline Midlej Como foi a experiência de participar da "expedição para a Favela Marte"?

Jorge Melguizo Tive duas ou três sensações: a primeira de estranheza, uma segunda de espanto e a terceira da grande expectativa que há sobre esse projeto e o que pode ser feito em poucos anos. A primeira foi de estranheza mesmo, de chegar. Não sabia com quem estava indo, como seria esse voo à Marte, o avião, os presentes, tudo que aconteceu, foi de sentir mesmo uma estranheza inicial. Depois veio o espanto de caminhar naquele bairro, de como a comunidade se preparou para receber essa visita com as diferentes estações de trabalho que estavam ali. Passear por aquele bairro, vendo toda a dureza daquele território, mas também todas as oportunidades, foi muito especial. Tudo aquilo era mostrado aos visitantes que, para muitos deles, com certeza, era a primeira vez na vida que estavam em um território, em uma comunidade com tanta miséria física, social e humana. Para muita gente, com certeza, foi isso. Ali se mostrou uma série de oportunidades que existem e que podem ser criadas, mas esse espanto é positivo, porque poderia ter sido um passeio um pouco mórbido, dos ricos passeando pelo bairro dos pobres, quase como se fosse um espetáculo. Mas eu acho que o espanto foi por a própria comunidade ter preparado tudo que preparou, foi um espanto positivo isso ter sido mostrado de outra maneira: decidiram mostrar que, no meio da pobreza e da miséria que existem ali, também existem a qualidade humana, as oportunidades e os projetos da Favela Marte. Em terceiro lugar, a expectativa que veio é algo que tem a ver com uma frase que eu disse pro Edu Lyra. No projeto da Gerando Falcões, a missão é "acabar com a pobreza e transformá-la em peça de museu". Eu disse que não acho possível alcançar essa meta.

Aline Midlej Por quê?

Jorge Melguizo Eu não acho que seja possível acabar com a pobreza, mas eu disse pra ele que talvez haja outras metas menos ambiciosas e uma delas é a construção da dignidade no meio da pobreza. Parte do que nós fizemos em Medellín é baseada na construção da dignidade. Aqui em Medellín ainda existem pessoas pobres e bairros com muita pobreza. Ontem e anteontem tivemos dois dias de muita chuva, como não se viam há muitos, com transbordamento de córregos e rios e comunidades que perderam tudo com essas enchentes, ainda que felizmente não tenham tido vítimas humanas. Enfim, existe uma pobreza tremenda. Então, enquanto caminhávamos pela Favela Marte, eu pensava em qual era a expectativa que tinham a comunidade, a Gerando Falcões e os visitantes. Então sempre penso que nessas expectativas temos que conciliar tudo, ter um equilíbrio, porque, se as expectativas depositadas não são cumpridas, se rompe a confiança, e o mais importante aqui é a construção da confiança – entre a comunidade, as organizações e o governo. Essas três palavras descrevem minha experiência: estranheza, espanto e expectativa.

Aline Midlej Quais são as forças inéditas que você enxerga no projeto Favela 3D e o que ainda precisa ser elaborado, com mais profundidade, inclusive com as lideranças comunitárias/locais?

Jorge Melguizo Começo pelo nome mesmo do "Favela 3D". Eu fiz parte dos conselhos do Favela 3D, estava em algumas reuniões, e disse que não gosto do nome do projeto. Gosto dos três Ds: desenvolvida, digna e digital, mas não gosto do Favela 3D porque, dos quatro lugares em que eu estive com a Gerando Falcões – Poá, Ferraz de Vasconcelos, São José do Rio Preto, em Marte, e em Maceió, no Vergel –, o conceito de favela é um conceito para ser deixado para trás, não para seguir adiante. Não é uma aspiração ser uma Favela 3D, é algo de que a comunidade quer se livrar. Eles querem ter um bairro desenvolvido, um bairro digno e um bairro digital, mas não uma favela. O único lugar onde a favela tem um significado importante, diria que até mesmo histórico, patrimonial e cultural, é na Favela da Providência. Mas, para mim, o estranho da Favela da Providência é que ela existe há 120 anos. Uma favela que existe há 120 anos é uma evidência do fracasso da sociedade e de todo o governo há muitos anos. Aquele lugar já deveria ter deixado de ser uma favela. No entanto, apenas para colocar algumas aspas, não tem nenhum problema cultural, histórico nem de identidade de continuar se chamando favela. Na Providência, eles tomaram esse termo para si, pelo terreno ocupado, pelos barracos que foram ocupados ali; já é uma identidade deles. Mas em Vergel, em Maceió, não; em Poá, muito menos; em Marte, menos ainda, ou seja, eles não querem ser uma favela. Aliás, atualmente, eles nem se consideram uma favela. Primeiramente, eu disse pro Edu e pro time que esse nome deveria ser trocado, modificado, porque não representa o lugar a que queremos chegar. Existe um ponto: estou aqui e quero chegar ali, e o ponto de chegada não é ser uma favela. Então essa é minha primeira crítica.

E você me pergunta um segundo elemento. Quando se aborda um projeto desses em bairros como Marte, onde existem a miséria física, a miséria social e a miséria humana, falamos de três misérias, ou, como eu chamo, três geografias. A primeira vez que o Edu Lyra veio à Colômbia gostou muito de conhecer as três geografias, e eu fui até repetitivo para que ele pudesse entender a geografia física, a social e a humana. Tem que se conhecer as três geografias, e em Marte, em Maceió, nas demais, enfim, tem que poder abordar as soluções da pobreza individual e coletiva. Essa semana estive em Recife trabalhando em um bairro muito difícil e, depois de dois dias de visita nesse bairro sem esgotos, sem água potável, com lixo, com todos os problemas sociais, eu estive com a equipe de trabalho da prefeitura. Os governos Lula são conhecidos mundialmente, basicamente, por um resultado: 35 milhões de pessoas saíram da pobreza. Porém, conheço bairros no Brasil que estão na mesma situação há 35 anos. Marte e Itália, por exemplo, estão assim há dez anos ou vinte anos mais ou menos, e a Providência, há 120. Então, onde está o resultado? Chegamos a uma conclusão fácil: houve a geração de renda para as famílias que tiveram sucesso, elas deixaram de ser pobres para ser consumidoras, mas esses indivíduos não se tornaram cidadãos.

Acho que o desafio de um projeto é trabalhar para que as pessoas, todos nós, se tornem cidadãs. Para que pessoas de todos os níveis econômicos se tornem cidadãs. A pergunta que me fiz foi: "Por que, depois das políticas de superação da pobreza que tiraram 35 milhões de pessoas da pobreza, seguem existindo essas pobrezas coletivas?". A hipótese inicial é a de que a maioria das famílias tem renda e, com isso, consegue ter uma televisão grande em casa, uma geladeira grande, um freezer, um carro. Mas, no seu bairro, não tem votos, não tem água potável, não tem educação, não tem quadras de esportes, locais de cultura, não tem posto de saúde, não tem ruas de asfalto.

Eles têm sérios problemas de doenças devido à contaminação produzida por essas circunstâncias sociais. Portanto, são bairros onde muitas famílias resolveram sua pobreza individual, mas não resolveram a pobreza coletiva. Então, eu estou contando tudo isso para você, Aline, porque eu acho que há um desafio duplo no projeto do Favela 3D, que é trabalhar a pobreza individual e a pobreza coletiva.

Há também uma frase que disse pro Edu Lyra. O Edu tem uma cabeça maravilhosa porque, hoje, ele incorporou muitas frases que ele aprendeu aqui em Medellín e eu fico vendo e reparando. Então, uma das frases que o impressionaram é que "um pobre de Medellín é menos pobre do que um pobre de outros países da América Latina, de outras cidades da América Latina".

Quando ele me perguntou por que, eu disse: porque o pobre de Medellín pode ter o mesmo nível de renda baixa que um pobre do Brasil, ou da Argentina, ou do México, mas tem ruas pavimentadas, água potável 24 horas por dia, esgoto e gás encanado – 90% das casas em Medellín têm gás encanado –, possui serviço de transporte público de excelente qualidade, da mais alta qualidade nos bairros mais pobres. Tem escolas públicas de qualidade, campos de futebol, espaços culturais, postos de saúde... Ou seja, tem uma superação dessa pobreza coletiva. Tudo isso é público, é o mínimo denominador comum de uma sociedade. E acredito que a Gerando Falcões tem essa possibilidade. O Edu Lyra tem essa liderança devastadora, propositiva e múltipla, essa capacidade de convocar tantos atores públicos e privados. Ele consegue fazer com que, nos bairros onde as intervenções acontecem, o público se converta em um gerador de equidade, um gerador de qualidade de vida, no mínimo denominador comum daquela sociedade.

Acho que isso é factível. Daí para avançar na solução dos problemas de pobreza individual ou familiar, há um desafio maior. E eu encerro esse ponto com isso, eu sempre mostro para quem vem a Medellín que atingimos esse ponto de construção de equidade por parte do público. Mas ainda temos um grande desafio pela desigualdade da população e pela enorme pobreza que ainda não conseguimos superar.

Aline Midlej E sobre a importância das lideranças locais?

Jorge Melguizo Eu tenho sempre duas opiniões que podem parecer contrárias. Você tem que trabalhar muito com os líderes locais, mas não precisa depender deles. Eu explico cada uma das duas frases. Existem palavras que transformam uma sociedade. Digo que as quatro palavras da gestão pública são conhecer, reconhecer, valorizar e promover o que já existe nos bairros. Conhecer, reconhecer, valorizar e potencializar o que já existe e que existe sem o Estado, apesar do Estado, ou mesmo contra o Estado. E tudo isso precisa ser conhecido, reconhecido, valorizado e promovido. Isso é essencial.

Então, sim, você tem que trabalhar profundamente com os líderes locais, com os "Senhores Benvindos[11]" de Marte. Mas você tem que ter muito cuidado. Na minha experiência em várias cidades da América Latina, encontrei muitas vezes – eu diria que, quase sempre, alguns desses líderes locais, homens ou mulheres, atuando muito pelos seus interesses privados e pouco pelos coletivos. Muitas vezes se tornam extorsionários. Extorsionistas do público, em arrecadações que beneficiam seu projeto pessoal ou familiar e se beneficiam do projeto daqueles que são seus aliados no bairro, mas acabam excluindo outros tipos de liderança. Falando exclusivamente sobre o Brasil, quando essas diferenças estão ligadas a um projeto religioso, o risco é dobrado. Esse é um asterisco importante, Aline, porque uma das características das favelas e dos bairros de extrema pobreza no Brasil é a enorme presença de grupos cristãos.

A religião é um assunto pessoal, mas alguns políticos fizeram da religião uma questão pública. Muitos desses líderes transformam seu espaço pessoal, privado, de religião, na questão do bairro. Seu projeto como líderes é atravessado pelo projeto religioso. Então, é preciso ter muito cuidado para não cair, também, naquela armadilha de favorecer um projeto religioso privado, baseado no apoio a um determinado tipo de lei.

....

11. Em referência a Benvindo Nery, mencionado no capítulo 3. (N.E.)

As experiências que inspiram

Assim, a primeira consideração é o cuidado que deve ser tomado no trabalho com as lideranças locais. Sim, você tem que trabalhar com eles. Mas também é preciso marcar certas distâncias e estabelecer muito bem os critérios para acompanhar essas lideranças. Em segundo lugar, eu disse que havia duas formas de assumir essa situação: com os atuais líderes e com um projeto de criação de novos líderes, o que é um tremendo desafio. A criação de novas lideranças tem que ser um indicador, uma meta; deve ser o objetivo do projeto. Quantas lideranças havia na Favela Marte quando isso começou e quantas lideranças existem enquanto o projeto avança? Essas novas lideranças demandam outros tipos de espaços fora das lideranças tradicionais, porque as tradicionais são como uma árvore frondosa que dá frutos, mas nada cresce debaixo dela. Porque a árvore é tão frondosa, a árvore é tão verde, que nada mais consegue crescer.

Muitas dessas lideranças locais impedem o crescimento e o surgimento de outras lideranças. Então, não, você tem que colocar como meta, como desafio, como indicador de conquista, a criação de outras lideranças. Você vai se surpreender com adolescentes de 12, 13, 14 anos. É a idade-chave para o desenvolvimento de novas lideranças. Vou contar apenas uma anedota sobre uma ONG em que trabalhei há trinta anos e que comemorou seu 30º aniversário em 2019. Naquela mesa onde estávamos em trinta, havia quatro pessoas-chave. Eles tinham 12 anos quando começamos a trabalhar com eles e, hoje, todos ocupam cargos de gestão pública ou privada em sua cidade ou comunidade. Tinham 12 anos. Olhe, Marte tem um ano e meio de trabalho. Sim, há um ano e meio eles deveriam ter começado a trabalhar com meninos e meninas de 12 ou 13 anos. Uma idade tremenda para promover as coisas, mas daqui a cinco anos esses jovens vão fazer 17 ou 18 anos e é fundamental que sejam os novos líderes. São esses novos líderes que vão substituir o Benvindo e terão que ser líderes novos e melhores. E essas lideranças novas e melhores deverão ter pensamento crítico, opção política, concepção, conhecimento sobre questões-chave da sociedade, equidade, cultura cívica, desenvolvimento econômico, racismo, classismo e xenofobia.

Têm que ser lideranças feministas no conceito integral da palavra. Têm que ser lideranças que realmente transformem a sociedade onde estão. Benvindo tem um trabalho de liderança muito importante, mas a transformação social da Marte não será com o Benvindo. Não vou mudar suas formas de pensar nem de agir sobre questões-chave da sociedade. Precisamos do Benvindo? Sim. Benvindo é um líder tremendo com quem você tem que trabalhar? Sim. Cito Benvindo só pra ilustrar o que quero falar, mas cada um dos lugares tem seus muitos Benvindos. Mas a transformação desse bairro não virá através dele, tem que vir com outras lideranças.

E a última parte da resposta. Eu tenho insistido com a Nina (diretora do Favela 3D) e a equipe da Gerando Falcões que um indicador, uma meta, assim como uma nova liderança individual, tem que ser o fortalecimento das organizações sociais nesse entorno de grupos e organizações, ou seja, o mapeamento, o inventário, o censo de organizações de todos os tipos, as organizações comunitárias, os grupos sociais, os grupos de mulheres, os grupos de jovens, todos os tipos, qualquer grupo de mais de duas pessoas que tenha um projeto lá no bairro deve ser mapeado e devemos trabalhar muito para que **um dos indicadores seja o fortalecimento dessas organizações.** Isso foi fundamental em Medellín. Hoje, lá, olhamos para um único fato: existe uma organização. Há trinta anos, foi criada em Medellín, com jovens de 17, 18 e 20 anos, uma organização de teatro e cultura. Nós os acolhemos há trinta anos. Nós os ajudamos a crescer, com um propósito de fortalecimento. Hoje, essa organização, trinta anos depois, tem seus membros fundadores na casa dos 50 anos de idade. Eles são grandes líderes. Homens e mulheres. Não apenas no seu bairro, mas na cidade. Têm projeção internacional. Estive com eles na Argentina, no Brasil, na Bolívia, no Peru, no México e na Espanha. Mas nossa prefeitura, hoje, está falhando, é péssima. Mas essa organização está ali, naquele setor, e a liderança assumida por eles foi total.

Além dessa organização, há pessoas que são do poder público, do poder privado, do poder comunitário, ou seja, foram formadas diferentes lideranças, novas lideranças, com novas pessoas, com pessoas diferentes. Indivíduos, mas também uma organização social.

Aline Midlej O Brasil tem uma estrutura de privilégios muito sólida. Como você compreende a viabilidade sustentável da parceria com iniciativa privada, grandes empresários e uma elite que ainda é muito preconceituosa?

Jorge Melguizo Isso é fundamental, é um ponto-chave. Há pouco falei sobre o extremo da palavra estranheza na visita à favela Marte, porque significava ver muitos milionários. Então, você tem que ter muito cuidado, porque pode acabar na mesma estranheza que aquela visita produziu em mim. Quais foram as chaves do processo de transformação de Medellín? Medellín ganhou prêmios mundiais por muitas coisas. Eu tinha quinze pontos-chave, e um deles é que não é possível entender o que aconteceu em Medellín, nas transformações, sem esse vínculo entre empresas privadas. Investir em projetos públicos de educação e cultura tornou Medellín uma cidade mais competitiva. Os grandes empresários colombianos nos colocaram na mira do mundo e melhoraram a qualidade de vida na cidade. Tem essa organização, a Fundação Proantioquia, que é um tanque de pensamentos formado por empresários, para trabalhar na educação, na paz e no desenvolvimento territorial.
Enfim, é preciso mudar o paradigma da responsabilidade social corporativa. Devemos passar dela para a responsabilidade social. Devemos parar de usá-la como marketing, ou seja, como construção de imagem e reconhecimento, e ter a responsabilidade social como projeto de país. Devemos passar da responsabilidade corporativa para a responsabilidade política. Já não é. Não é com a filantropia, com caridade, que vamos avançar. Devemos passar da filantropia para a construção do público como elemento-chave de uma sociedade. Como o empresariado está ligado à construção do público? Não com um ato de caridade, filantropia nem ajuda, mas com um ato de construção de uma sociedade diferente.
Como vamos passar da transformação dos negócios para a transformação da sociedade? Como passamos de parcerias público-privadas para parcerias público-privadas comunitárias?

Devemos passar de projetos imediatos para projetos sustentáveis. Devemos passar da assistência e caridade à solidariedade. A solidariedade é um ato político. A assistência e a caridade são atos humanos que estão dentro de valores tradicionais. Toda caridade é bem-vinda, assim como toda assistência, mas elas não são suficientes para construir uma nova sociedade. É necessário passar do investimento de curto prazo para a formação de capacidades instaladas. A comunidade empresarial deve ser convidada a ajudar a construir a capacidade instalada. Devemos passar do apoio à sustentabilidade, de auxílios específicos para investimentos estratégicos.

Quando o Lemann tira a foto com as crianças da favela Marte, ele está se sentindo bem e com certeza sua família e sua empresa vão aplaudi-lo, mas temos que deixar de nos sentir bem para fazer parte de um desafio coletivo. Devemos parar de jogar dinheiro nos problemas e seguir para a construção real e coletiva de soluções reais. Por que eu digo isso? Acho importante, Aline, beliscar os empresários. Edu Lyra insiste muito nisso e você disse isso na sua pergunta.

Edu diz que tem que formar para baixo e para cima. É preciso formar a classe executiva. A classe empresarial tem que perceber que o modelo de país que foi construído é um modelo que não é sustentável.

E você disse uma frase que é tremendamente geradora. Inclusive, acho que deveria ser parte central do livro. É a questão que você trouxe de saber se um empregador está fazendo isso para que sua filha vá para a mesma escola que a filha do empregado doméstico ou do motorista.

A pergunta que deve ser feita aos empresários e que você poderia fazer pro Lemann é: você viveria em Marte? Você moraria na Providência? Qual seria a resposta? Porque não se trata de intervir no gueto para mantê-lo como gueto. Se trata de intervir no bairro que foi excluído para incluí-lo na dinâmica da sociedade, mas também para que a sociedade e a cidade sejam incluídas nesse bairro. Isso foi a coisa mais importante que aconteceu em Medellín. O que eu gosto de mostrar é que os bairros com mais pobreza, hoje, são os bairros mais visitados da cidade, pelas pessoas da cidade e pelos turistas, devido à sua dinâmica vocal. A inclusão tem que ser bidirecional. Não é só sobre alguém dizer que é da Favela Marte e não ser estigmatizado, mas também sobre alguém que diz: "Vou a Marte tomar uma cerveja e conversar com um grupo de amigos".

Aline Midlej Você acha que o Favela 3D, como projeto, pode provocar na elite brasileira a necessidade de uma nova ética empresarial, a partir da capacidade que o Edu Lyra tem de convocar esses líderes empresariais?

Jorge Melguizo Claro. Paulo Freire nos ensinou a trabalhar com a pedagogia da pergunta e não da resposta. Eu faço uma brincadeira, algumas vezes pesada, nas palestras que dou no Brasil: digo que você tem dois "Paulos" famosos, que os dois Paulos mais famosos do Brasil são Paulo Coelho e Paulo Freire e que acho que o Brasil está em crise porque lê mais o Coelho do que o Freire.

As pessoas precisam ler mais Paulo Freire, a Pedagogia do Oprimido. O outro não é aquele que não sabe nada, mas aquele que conhece o mundo de outra maneira. Paulo Coelho traz a autoajuda, respostas fáceis para perguntas difíceis.

Neste seu livro, deveria ter muitas perguntas que devem ser feitas ao empresariado.

A primeira seria: o que você esperaria que acontecesse em um bairro em que você está apoiando a transformação? Porque essa resposta nos dirá o que ele tem em mente sobre o tipo de bairro e comunidade. E, se a resposta for apenas para os outros, já há uma ruptura, um fracasso. Porque a resposta também tem que ser como ele e seu grupo de elite se transformam com a transformação daquele lugar. A maioria da sociedade não é afetada pela existência de uma favela. Por que favelas existem? Indiferença. É preciso romper com a indiferença.

A segunda pergunta, eu acho que é a que você fez. Você acha possível que, em algum momento do Brasil, a filha ou neta do Benvindo vá estudar com sua filha na mesma escola ou na mesma universidade? Elas podem ser amigas, compartilhar e se encontrar nos mesmos espaços? Quais são esses espaços de inclusão?

E a terceira pergunta: o que você está disposto a ceder do seu estilo de vida para que outras pessoas, aquelas que não têm nada, possam acessar oportunidades? Existe um setor da sociedade que nunca questiona seus direitos e por que os tem. Ele nunca pensa se tem direito à educação, porque sempre teve. Ele nunca pensa se tem direito à saúde, porque sempre a teve e da melhor qualidade. Sempre teve os direitos. Ele nunca se pergunta se a água é um direito, porque durante toda a vida ele abriu a torneira e água potável saiu 24 horas por dia. Ele nunca se pergunta se tem o direito de trabalhar, porque ninguém em sua família perdeu um minuto de trabalho. Então, para muitas pessoas, direitos nem chegam a ser direitos, porque sempre os tiveram. Mas os tiveram mais como um privilégio do que como direito.

Em contrapartida, há outro setor da população que nunca se perguntou sobre seus direitos, porque nunca os teve. Nunca teve direitos básicos. Nem pergunta sobre direitos. Tenho direito a água potável? Nunca tomei água potável. Por que tenho direito? Tenho direito à educação? Nunca. E o que vier será assumido como uma conquista, não como um direito, porque essas pessoas nunca tiveram essa discussão sobre direitos.

Então, eu acho que há um desafio para os dois setores da sociedade. É entender que os direitos têm que ser oportunidades e não privilégios. Há um filósofo colombiano que cito muito, Estanislao Zuleta, e ele dizia que direitos sem oportunidades não são direitos.

Acho que aí já começamos a pensar em uma sociedade além da indiferença. Seria muito, muito importante. Eu até acho que você poderia se fazer uma pergunta. Uma pergunta sobre a indiferença poderia ser elaborada para este livro: a que coisas estamos sendo indiferentes? É preciso ver o público como desafio coletivo. Transparência é um valor necessário. A confiança é a base do desenvolvimento humano. Direitos são direitos, não favores. Não tem que haver mediação em sua realização. Os direitos são inúteis se você não tem possibilidades.

O programa Compaz e um cara chamado Murilo Cavalcanti

O Centro Comunitário da Paz – Compaz – se autointitula como uma fábrica da cidadania. O modelo é baseado nas experiências colombianas de Medellín, tendo como ponto alto as Bibliotecas Parque. Murilo Cavalcanti, Secretário de Segurança Cidadã do Recife, é uma referência para Edu Lyra e para o Favela 3D.

De empresário da noite para o responsável pela concepção de um modelo reconhecido internacionalmente, o especialista em prevenção de violência urbana levou o CEO da Gerando Falcões para ver de perto a ruptura de padrões promovida na Colômbia. Edu voltou transformado.

"Fui apresentado ao Murilo Cavalcanti por uma das nossas conselheiras, a Carmela Borst. Murilo me apresentou um mundo novo chamado Medellín. Ele mesmo me levou até lá e dedicou muito do seu tempo a me apresentar pessoas, lugares e conceitos que eu não conhecia. Ele me fez dar um salto de conhecimento. Além disso, Murilo é um dos quadros no poder público mais capacitados do país e é criador do Compaz: uma das mais importantes políticas públicas de redução da violência por meio da inclusão social."

É bem provável que você, leitor não residente do Recife e/ou não atuante na área social, desconheça a relevância do conceito por trás do Compaz e as razões de ele ser a inspiração para o Favela 3D, mas tenho certeza de que, depois de acompanhar a entrevista feita com Murilo em dezembro de 2022, seu repertório se ampliará.

Aline Midlej Como você definiria o trabalho à frente da Secretaria de Segurança Cidadã do Recife? Aliás, começando pelo nome da secretaria, como isso ajuda a entender a missão?

Murilo Cavalcanti O Brasil, nos últimos quarenta anos, entrou nas regiões mais pobres dos centros urbanos tão somente com metralhadoras e fuzis, como se favela fosse lugar de delinquentes. A Secretaria de Segurança Cidadã foi criada e pensada para entrar nos lugares mais pobres, desiguais e com menos oportunidades da cidade de Recife, levando livros, cultura, esportes, lazer e mediação de conflitos, abrindo janelas de oportunidades para o jovem da periferia, que sempre foi tão carente de políticas públicas. Nossa missão é "inaugurar vida na vida das pessoas", como dizia o político Eduardo Campos. O Compaz – o principal equipamento dentro da Secretaria de Segurança Cidadã do Recife – tem como objetivo agregar um conjunto de políticas públicas municipais que possam verdadeiramente mudar a vida das pessoas que mais precisam na periferia da cidade.

Aline Midlej Sem mudar a cultura – ou seja, a naturalização da pobreza, o preconceito/racismo enraizados –, é possível enfrentar o problema com sustentabilidade?

Murilo Cavalcanti Vivemos numa sociedade egoísta, segregadora e excludente. Uma parte da sociedade civil pensa e age como se a pobreza fosse a ordem natural das coisas. E não é. A pobreza e as desigualdades devem ser enfrentadas com políticas públicas eficientes, com a decisão política de governar para a maioria. E a maioria são os pobres e as pessoas que vivem na periferia das cidades. Sem reduzir as distâncias físicas, éticas e morais entre a cidade formal e a cidade periférica, não teremos paz social. Precisamos quebrar paradigmas. Precisamos enfrentar esse problema (da pobreza e da desigualdade) através de políticas sustentáveis, como fez Medellín, na Colômbia. A mensagem que se passa é que é possível. Se Medellín pôde, nós podemos.

Aline Midlej Quais foram os erros do Brasil, até aqui, no combate à desigualdade social?

Murilo Cavalcanti Todos os imagináveis, inclusive os erros cometidos por governos de esquerda. Aliás, há uma frase de Mujica, ex-presidente do Uruguai, que afirmou em uma entrevista que o grande erro da esquerda na América Latina foi querer transformar pobres em consumidores, quando deveria transformá-los em cidadãos. Foi isso que Medellín fez.

Os governos de direita não se interessam por esse tema, porque acham que o mercado resolve tudo. Um grande equívoco.

Precisamos, definitivamente, de políticas integradas nos territórios mais vulneráveis (educação, esporte, lazer, cultura, empreendedorismo, saúde, urbanismo social etc.) para reduzir as desigualdades e as pobrezas tão presentes na periferia dos grandes centros urbanos do Brasil. Bolsa Família é importante, mas ele tão somente não tira absolutamente ninguém da pobreza.

Aline Midlej Qual é o peso do papel/contribuição de cada um dos agentes com responsabilidade e condições de reverter esse quadro?

Murilo Cavalcanti Sociedade civil, poder público, movimentos sociais... Quem mais precisa entrar? Um projeto nacional de redução da pobreza e das desigualdades precisa ser liderado pelo setor público (governos), porque é quem tem verdadeiramente a capacidade, com escala, de mudar a vida das pessoas. Mas é fundamental a participação da sociedade civil, de ONGs, da academia, dos empresários e dos movimentos sociais em busca de uma agenda de consenso que possa reduzir a pobreza e a desigualdade. Já existe tecnologia social que dê subsídios às formas de conduzir esse projeto. Medellín é uma grande referência. É um bom laboratório de políticas públicas que foram desenvolvidas e implementadas por todos os atores que citei.

É uma agenda urgente e necessária. A violência urbana é fruto dessa desagregação social; portanto, não há uma só medida que seja eficaz para reduzir essas distâncias.

Aline Midlej Por que você acredita que esse conceito de trabalho e sua implementação inspiram Edu Lyra?

Murilo Cavalcanti Edu Lyra é um iluminado. Uma liderança nata. Um jovem que tem uma visão de mundo muito diferenciada. Tem uma bandeira – a redução da pobreza e da desigualdade – e uma liderança que tem envolvido muitos atores importantes nessa jornada de acabar com a pobreza. Ao visitar Medellín, Edu voltou muito impactado com o que viu e presenciou na cidade, que costumava ser a mais violenta do mundo e hoje é a mais inovadora. O Brasil precisa de muitos Edus Lyra em busca desse compromisso, em torno da redução da desigualdade e da pobreza. Estou muito otimista que, com esse governo que tomou posse no último dia 1º de janeiro (2023), o Brasil possa ter um compromisso e um olhar especial para os periféricos, para os invisíveis. É uma agenda que não pode ser adiada. Edu tem um papel relevante, não somente como líder social, mas também como alguém que tem um bom trânsito no meio empresarial, setor que é fundamental nessa aliança de se reduzir a pobreza e a desigualdade social.

Aline Midlej Como foi esse encontro de vocês e qual tem sido a sua contribuição?

Murilo Cavalcanti Uma amiga em comum, Carmela Borst, queria muito fazer esse casamento: Murilo e Edu Lyra, dois caras que pensam numa mesma direção. E foi feito. Juntos fomos a Medellín. Cinco dias de uma agenda muito intensa, de muitos aprendizados, de muitas trocas de experiências e de uma sinergia incomum entre duas pessoas que tinham acabado de se conhecer. Tenho idade para ser pai de Edu Lyra, carrego na minha mochila uma larga experiência no setor público e no convívio com pessoas que pensam em cidades mais equitativas, com menos pobreza, com menos desigualdades. Edu ficou muito curioso em saber como eu e minha equipe temos ajudado o Recife a ser uma cidade com valores e olhares voltados para os que mais precisam. Aqui, edificamos uma política pública – o Compaz – que tem mudado verdadeiramente a vida das pessoas. Edu Lyra veio conhecer o Compaz e ficou muito impactado. A minha contribuição é no sentido de ajudar no debate, na crítica construtiva, com algumas ideias inovadoras. Tenho aprendido muito, também, com Edu, principalmente com sua energia contagiante.

Aline Midlej Como foi a primeira "imersão" no Favela 3D?

Murilo Cavalcanti Em 2019, Edu Lyra me levou a São José do Rio Preto para conhecer a Favela Marte. Até então, era tão somente uma ideia de como transformar uma favela em um lugar digno, humano e cheio de oportunidades. Tivemos muitas reuniões e muitos debates de ideias. Minha contribuição foi modesta, mas uma eu elenco como mais importante: "Não faça sempre do mesmo se você quer resultados diferentes". Edu Lyra está liderando um projeto ousado, diferente, inovador. A Favela Marte – ou Favela 3D – será um grande laboratório para os gestores públicos brasileiros que querem contribuir para um mundo melhor.

Aline Midlej A GF tem a ambição de fazer do Favela 3D um grande laboratório para uma política social definitivamente efetiva no combate à pobreza crônica. Acha que está no caminho?

Murilo Cavalcanti Sim, acho que esse é o caminho. Não podemos mais continuar reproduzindo as políticas fracassadas que, ao longo de cinquenta anos, só causaram mais segregação nas cidades brasileiras. O projeto Favela 3D ousa, inova, busca ser uma política integrada na vida de quem mais precisa. É um bom caminho para que possamos, definitivamente, colocar "a agenda da favela na agenda do dia".

Aline Midlej Conceitualmente e em termos de implementação/replicação, quais são os desafios do projeto Favela 3D? Não é inviável implementar isso em todo o Brasil?

Murilo Cavalcanti Não será fácil implementar em todo o Brasil. Mas o recado que se dá para os diversos governos é: é possível, sim, dar dignidade às pessoas pobres e acabar definitivamente com a lógica perversa de se fazer "coisa pobre para quem é pobre". Edu Lyra e eu aprendemos algumas lições básicas de Medellín: 1) a ética e a estética para acabar com o ciclo da pobreza; 2) toda a arquitetura deve ser pedagógica e toda a engenharia deve ser social; 3) para enfrentar a pobreza, não existe tão somente uma arma; Medellín, por exemplo, teve sucesso a partir dos PUIS (Projetos Urbanos Integrados); 4) deve existir uma escuta permanente da população que será beneficiada com os projetos; 5) é preciso ter planejamento de curto, médio e longo prazos; 6) a cidade deve ser integrada: tudo que é feito na área rica deve também ser feito na área pobre (escolas, hospitais, transporte, praças, parques etc.). A Favela 3D pode ser um bom laboratório de políticas públicas. O desafio é saber como virar uma política com escala em todo o país.

Aline Midlej Qual é o peso da figura do Edu Lyra nesta equação? Do seu lugar de fala, das suas habilidades e disposição para alcançar o resultado?

Murilo Cavalcanti: Edu Lyra é um líder nato. Com trânsito em vários segmentos empresariais, governo, academia e a sociedade civil como um todo. Ele tem usado dessa sua liderança em torno de um projeto de pacificação, redução da pobreza e das desigualdades nas favelas brasileiras. Além disso, Edu tem inovado, ousado, atirado e tudo isso é fundamental para que possamos "não fazer sempre do mesmo se queremos resultados diferentes". Tudo que Edu Lyra tem liderado, implementado e executado precisa ser avaliado para fazer as devidas correções. Mas o mais importante de tudo isso é que temos uma liderança que veio da favela para mudar a ordem das coisas. Edu Lyra tem feito, com maestria, o que governos deveriam ter feito anos atrás. E não fizeram. Mas ainda há tempo. Neste momento, em que temos um governo central, preocupado com a pobreza e a desigualdade, é uma boa oportunidade para que possamos replicar o projeto Favela 3D no Brasil inteiro.

Aline Midlej Com os pés na realidade, é possível colocar a pobreza no museu? Existe solução definitiva?

Murilo Cavalcanti Não é possível. Mas é possível dar dignidade aos pobres. Entendo perfeitamente quando Edu Lyra afirma que a pobreza precisa ir para o museu. Duas palavras movem a humanidade: confiança e esperança. Quando Edu Lyra fala em colocar a pobreza no museu, ele provoca um raio de esperança, uma luz no fim do túnel, em grande parcela da população brasileira que vive na periferia sem perspectiva nenhuma de vida. E é esperança que pode virar realidade. Tudo isso é fundamental para que a gente possa mobilizar a sociedade em um projeto de transformação, tornando as cidades brasileiras mais justas, mais equitativas, com mais oportunidades, com menos pobreza e desigualdade. É possível!

> "Alguns muros são sociais. Porém muitos outros são apenas psicológicos. Destrua-os."
>
> —Edu Lyra

CAPÍTULO 8

Pobreza, racismo e sustentabilidade

A pobreza brasileira tem cor e ela é preta

Assim como eu e muitos de vocês aí, Edu Lyra adora aquela frase célebre de Nelson Mandela sobre não nascermos odiando alguém pela cor da pele. Indiscutivelmente, somos programados a fazer isso dentro de uma cultura em que há racismo estrutural e estruturante das relações, em especial nas de poder. Como não podemos esperar chegar o dia em que uma nova geração nascerá livre dessas referências reforçadas ao longo dos séculos e a partir de diferentes estratégias de uma elite branca e bastante apegada aos privilégios, é preciso atacar o problema como prioridade em políticas públicas transversais e de impacto gradual, pois é um processo.

    O racismo gera e mantém a pobreza, a pobreza gera e mantém o racismo. Assim como eu e tantos de nós, Edu *se descobriu* negro, e essa caminhada de autoconhecimento, ainda hoje, tem efeitos sobre suas abordagens:

"No começo da minha vida, pra tentar me proteger, minha família tentava esconder de mim duas verdades. A primeira, que meu pai era presidiário. A segunda, que eu era negro. Curiosamente, as duas coisas estão absolutamente interligadas. Hoje, eu compreendo que o que eu vivia era um fenômeno social. A pobreza afeta a todos numa favela e, por fatores históricos, dá um nó ainda mais complexo em pessoas negras. Torna suas trilhas mais íngremes, em estradas ainda mais acidentadas. Um nó complexo demais que para desatar depende de uma mudança de consciência e de atitude de uma sociedade que sempre fez vistas grossas a esse assunto e nunca se levantou realmente contra ele, pois também se beneficiava do modelo estrutural. Esse modelo tritura, massacra e condena gerações inteiras à extrema pobreza. Parte da responsabilidade da resiliência da extrema pobreza se chama 'racismo'".

No seu memorável discurso de posse como Ministra da Igualdade Racial, em janeiro de 2023, Aniele Franco foi ao ponto: "Estamos falando de diferenças raciais hierárquicas que instituem condições materiais desiguais de vida e de morte para brasileiros e brasileiras. Não podemos mais ignorar nem subestimar o fato de que a raça e a etnia são determinantes para a desigualdade de oportunidades no Brasil em todos os âmbitos da vida. Pessoas negras estão sub-representadas nos espaços de poder e, em contrapartida, somos as que mais estão nos espaços de estigmatização e vulnerabilidade".

Um levantamento do IBGE divulgado em 2022 mostrava que o desemprego SEGUIA maior entre mulheres, negros e jovens, sendo quase dois terços dos desempregados pretos e pardos. Nesse grupo, os salários também eram menores. No mesmo ano, o Anuário de Segurança Pública indicava que pessoas negras eram a maioria das vítimas de crimes violentos em 2021. Entre as mortes violentas intencionais, como homicídio doloso, latrocínio e intervenção policial, 78% foram de pessoas negras e só 21,7%, de brancas.

Como bem coloca a psicóloga e ativista Cida Bento, referência internacional no campo da diversidade, em sua obra *Pacto da Branquitude*, há um pacto que faz brancos sempre preferirem brancos. Uma construção cultural perversa que joga luz sobre as dificuldades de inserção de negros no mercado de trabalho, um pavimento fundamental de combate às desigualdades.

O livro se baseou em décadas de trabalho nessa área, acompanhando processos seletivos e tentativas de subverter essa lógica racista dentro das empresas. Além disso, também teve vivências importantes com a criação do Ceert (Centro de Estudos e Relações de Trabalho e Desigualdades) – uma organização não governamental que luta pela ampliação de oportunidades de negros no mercado de trabalho. Cida Bento me concedeu uma entrevista em que defende, com base em dados científicos e experiências práticas de longo prazo, porque a atenção ao recorte racial é fundamental para o combate sustentável da pobreza. Um branco pobre não vai enfrentar as mesmas dificuldades de um negro pobre ao adentrar a porta de possibilidades de romper com o ciclo de exclusão; para o segundo, sempre será mais difícil o não retorno à marginalidade.

Ouvindo Cida Bento

Quando pergunto sobre a relação entre racismo e pobreza, Cida nos convida a uma conexão histórica partindo dos quatrocentos anos de escravidão após a invasão portuguesa, que representam 4/5 da história do Brasil.

A psicóloga lembra que, nesse período, o racismo "se constituiu como um fator de organização e estruturação das relações sociais no país. E foi seguido por uma falsa abolição, pois não houve reparação, nem foi implementada qualquer estratégia de inclusão dos ex-escravizados à sociedade brasileira. Muito pelo contrário, negros foram considerados um segmento indesejável da população no novo país que nascia".

O convite é para olharmos as heranças desse período da nossa história, que são diferentes para a população branca e a negra. "Ao longo de nossa história, os lugares de comando, prestígio e vanguarda nas principais organizações brasileiras – sejam empresariais, educacionais, do judiciário, do parlamento, do executivo – sempre foram ocupados por pessoas brancas, justamente porque elas trazem a herança de descendentes dos escravocratas. Os negros, descendentes de escravizados, são majoritários nos setores econômicos com as piores condições de trabalho – construção civil e trabalhos domésticos – e também nas posições mais precárias, sendo a maioria entre os profissionais não remunerados e assalariados sem carteira".

Uma provocação que sempre faço nas trocas sobre racismo é pedir que as pessoas olhem ao seu redor, neste século XXI, e se perguntem: onde estão os negros no seu trabalho e o que eles fazem? Onde estão os negros no seu condomínio, no clube? Simplesmente caminhe na rua e observe. Se pergunte: por quê? Olhe para o seu próprio racismo também, na forma como o seu olhar foi treinado para associar a negritude com ações e contextos de marginalidade, sempre distante de qualquer naturalização de convivência mais próxima.

Recentemente, fazendo uma palestra para funcionários de um renomado hospital de São Paulo, soube que era quase rotina ter reclamações de pacientes que se negavam a ser atendidos por médicos negros – uma grande minoria, aliás, no quadro de funcionários. Portanto, mesmo quando barreiras de acesso são quebradas, se manter avançando nessa abertura de portas costuma ser [um trabalho] muito exigente. Inúmeras pesquisas já mostraram que, mesmo atuando em atividades semelhantes, negros e brancos recebem salários diferentes. E, de modo geral, as disparidades são tanto imensas quanto desafiadoras para os diferentes setores do país que podem reverter o quadro.

"A renda média de negros é de cerca de metade da renda dos brancos no Brasil, um país em que 75% dos presos são negros e a taxa de brancos com nível superior é o triplo da dos negros. Esses e tantos outros dados revelam o papel estruturante da desigualdade racial em nossa sociedade", afirma Cida Bento.

Apesar da constatação de uma desigualdade sólida, Cida Bento pontua que nesse caminho do mesmo século XXI o país viu a ampliação dos movimentos sociais organizados, de mulheres, negros, quilombolas e indígenas reivindicando equidade e justiça social. Chegamos ao tema das ações afirmativas no centro do debate público. "No entanto, as ações afirmativas estão do lado oposto da ideia de que as políticas de combate à pobreza são suficientes para mudar a condição de desigualdade racial. Sem dúvida, uma política de combate à pobreza é fundamental para impactar a situação de grupos como o de negros, que são majoritários entre a população que está na pobreza – entre os 10% mais pobres, 75% são negros, segundo o IBGE. A desigualdade de raça, de gênero e de classe caminham juntas e intersecionadas, na maior parte das situações. No entanto, pobreza é uma coisa e racismo é outra, e possuem dinâmicas diferentes."

Cida Bento recorre ao economista Mário Theodoro, que chama a atenção para o fato de que o Brasil teve três oportunidades históricas – perdidas – de alterar a dinâmica da desigualdade:

1. Ele salienta que, na primeira metade do século XIX, aos africanos libertos, que exerciam a profissão de pedreiros, alfaiates, sapateiros etc., foi estabelecido um imposto exorbitante: "O Brasil renunciava à criação de uma classe média negra", segundo Theodoro, do qual seriam isentos aqueles que se retirassem do Brasil. Ao final do século XIX, fosse no campo ou na cidade, os negros no Brasil pareciam condenados à pobreza e à miséria. Quando houve a possibilidade de alguma ascensão social, como ocorrido na primeira metade daquele século, foi refreada, inclusive com incentivos para deixar o país e sanções de ordem econômica e jurídica por parte do poder público. A pobreza urbana no Brasil do século XIX é negra.

2. Num segundo momento, ele destaca o longo período de industrialização do país, entre 1930 e 1980. O crescimento médio per capita do produto interno brasileiro foi de "impressionantes 3,86% anuais", por cinquenta anos! Mais uma vez, os negros foram excluídos. Theodoro explica que "a concentração de renda observada no período foi reforçada a partir da clivagem racial. Crescer gerando pobreza, miséria e desigualdade – esse foi o preceito do período de maior prosperidade vivenciado pelo Brasil".

3. Uma outra oportunidade ocorreu entre 2004 e 2014. Estudos evidenciaram que, nesse período, as condições de vida do povo brasileiro, em geral, melhoraram em várias dimensões. As políticas do governo federal retiraram mais de trinta milhões de pessoas da pobreza. Além do crescimento econômico do período, contribuíram para esse avanço o processo sustentado de redistribuição de renda, pela via de aumentos reais do salário-mínimo, do Bolsa Família e da Previdência Social. Os benefícios que impactaram brancos e negros, entretanto, não o fizeram de modo democrático. "Apesar da benfazeja evolução de redução da pobreza, houve um aumento da participação da população negra no grupo que se manteve em situação de pobreza: o percentual de negros entre os 10% mais pobres subiu de 73,2% em 2004 para 76% em 2014."

A provocação aqui é sobre a possibilidade de aumento da desigualdade mesmo quando há um aumento da renda entre os mais pobres. "Ou seja, graças ao crescimento da renda, reduziu-se a pobreza, porém a distância entre as taxas de pobreza dos grupos negro e branco permaneceu com poucas alterações, mostrando que a redução da pobreza convive com a manutenção, ou até aumento da desigualdade racial. A desigualdade configura um fenômeno complexo que envolve diferentes fatores, como o impacto da discriminação histórica e atual motivada por racismo e preconceito, a desigualdade regional e educacional, entre outros", Mário explica.

Para avançarmos nessa perspectiva, Cida Bento sugere um olhar para o Brasil recente da pandemia, quando a riqueza e a pobreza extremas cresceram simultaneamente. As manchetes que noticiei na Globo News davam conta de um impacto muito desigual das consequências sobre a população negra, que, em sua maioria, ainda vive em condições precárias de moradia, sem acesso à água limpa e sabão – armas básicas no combate à Covid –, sem estabilidade no trabalho, excluídos digitalmente e dependentes de serviços públicos de saúde que são muitas vezes precários.

Como disse incontáveis vezes no ar, a pandemia escancarou nossas desigualdades crônicas resultantes de um preconceito deliberado e consciente. Neste cenário, oportunamente, Cida Bento retoma um dado de 2021 da Abrasco (Associação Brasileira de Saúde Coletiva) de que, em 2020, em todas as faixas etárias, pessoas pretas e pardas morreram proporcionalmente mais pela Covid-19 do que as brancas.

"Nesse sentido é que políticas de combate à pobreza são essenciais, para mudar a situação de um país que está entre as maiores economias do mundo, mas é campeão de desigualdades. Se quisermos alterar os diferenciais entre negros e brancos no trabalho, saúde, educação, moradia, temos que implementar ações afirmativas em todas as áreas. Reduzir as desigualdades significa redistribuir recursos e poder, bem como promover o reconhecimento das contribuições dos diferentes segmentos que compõem nossa sociedade. Políticas públicas são fundamentais nesse processo, principalmente se membros dos grupos historicamente excluídos puderem participar e decidir no planejamento das políticas que vão definindo o futuro do país", afirma Cida.

Cida diz também que esse é um desafio que vem sendo enfrentado, mas não com a intensidade e ritmo que gostaríamos. "A maioria da população brasileira é feminina e negra, mas a maioria dos que lideram as instituições do Executivo, Legislativo e Judiciário que pensam o Brasil, é masculina e branca, e essa realidade precisa ser transformada. Cumpre implementar ações afirmativas em toda a educação básica e, como exemplo, podemos citar a necessidade de que as políticas públicas priorizem, a partir do fundamento da educação antirracista, a estruturação de escolas da periferia e de regiões quilombolas, o fortalecimento da condição de trabalho de professores que atuam nessas localidades, a compra de materiais didáticos e brinquedos que contemplam a diversidade, a disponibilização de internet e equipamentos para as escolas e as famílias mais vulnerabilizadas, a formação de professores nessa temática, entre outras ações, de forma que os ambientes escolares sejam qualificados e acolhedores para todas as crianças."

No caminho das soluções, Cida Bento também lembra que o fortalecimento do SUS, Sistema Único de Saúde, é fundamental, considerando as desigualdades raciais no acesso e no exercício do direito à saúde. Isso é necessário "para assegurar que as famílias dos grupos excluídos possam ter um atendimento de qualidade, implementação de saneamento básico nas regiões pobres e periféricas e realização de programas de moradias populares".

É preciso democratizar e aperfeiçoar o sistema para abranger os segmentos historicamente excluídos. Não há democracia (plena) enquanto houver racismo. "Enfim, é fundamental assegurar recursos e definir prioridades para promover equidade. Com vistas à universalização da justiça social, não podemos seguir tratando desigualmente os que foram tratados de forma desigual na história do país", reforça Cida.

Jamais subestime a favela: as soluções do país passam por lá

"A gente costuma dizer que o 13 de maio (assinatura da Lei Áurea) veio e o 14 de maio é um dia que nunca acabou pra população negra. Ficamos jogados sem direitos básicos, proibidos de participar politicamente do país, de exercer direitos, de ser cidadãos. Essa situação nunca foi resolvida."

A fala é da recém-criada e inédita Secretaria Nacional de Políticas para Territórios Periféricos, ligada ao Ministério das Cidades, numa entrevista para a Agência Brasil por ocasião do novo governo Lula. O secretário e cientista social Guilherme Simões defende que a falta de moradia digna está diretamente ligada ao histórico escravagista do Brasil.

A ideia é que esse novo braço do Ministério foque na urbanização das favelas e na prevenção de riscos como enchentes e deslizamentos. Nessa mesma entrevista, Simões se diz convicto de que a parceria com os movimentos sociais é fundamental, uma dinâmica defendida pela Gerando Falcões desde sempre, pois é preciso colocar o impactado na mesa de negociação e em espaços de decisão.

Outra abordagem que deve ser inaugurada em termos de política pública mais ampla é o olhar para soluções que podem vir e virão dessas comunidades. Favela é potência criativa e já tem muita inovação brotando de projetos nascidos dentro dos territórios.

Em dois anos de atuação, o Favela 3D já mapeou diversas iniciativas sustentáveis, algumas já implementadas onde só havia ausência de serviços básicos. Essas iniciativas chegam de matrizes mais verdes. Novas soluções estão sendo testadas e, a partir do resultado, podem e devem ser replicadas pelo país.

Edu Lyra tem defendido isso: "A favela pode ser uma solução verde ao país. São muitas oportunidades, como transformar lixo em energia renovável. Agora, por exemplo, estamos testando uma solução na Favela dos Sonhos, para transformar fezes em gás de cozinha. Além disso, usamos o lixo reciclável como fonte de geração de renda, e [isso traz] a conscientização de que todo morador de favela pode ser um agente ambiental e aumentar suas receitas, com lixo zero na favela. É como fizemos em Marte, implantar uma visão urbanística que protege o meio ambiente, integrada ao verde, como uma fonte de geração de vida e sustentabilidade".

Invisibilidade Cartográfica

Começamos o assunto pela maior favela do continente africano. Era 2009, quando um grupo de jovens decidiu colocar suas casas e realidades no mapa. Até então, Kibera não aparecia no mapa do Quênia, tampouco para as autoridades que tinham o dever de olhar e transformar aquela realidade gigantesca de exclusão.

Munidos de GPS e com o apoio de uma organização internacional, três jovens mostraram a existência e a potência do território. Era apenas o começo de um processo de engajamento daquele espaço e daqueles moradores, através da tecnologia. A experiência queniana é bastante conhecida entre quem habita o universo do urbanismo social e foi uma lembrança imediata do geógrafo Julio Pedrassoli, do MapBiomas – citei a organização logo na abertura do livro por seu levantamento anual das ocupações irregulares das áreas de vegetação original do país. A cartografia costuma ser muito usada para negar a existência dessas comunidades.

"A gente nem sabe, ao certo, quantas são as favelas do Brasil. O IBGE mapeia os chamados 'aglomerados subnormais' (engloba loteamentos clandestinos, irregulares, miríade de formas de morar, que não seguem o padrão do jeito de morar) em 734 cidades, e o mesmo IBGE tem uma pesquisa em que pergunta aos municípios se eles têm favelas. Mas de mil – de um total de mais de 5.568 – dizem que sim. Mas se a gente incluir, além de favela, cortiço e outros tipos de habitações fora do padrão, chegamos a 74% de todos os municípios dizendo que têm alguma área precária. A gente está restrito, hoje, aos dados do IBGE. E com o que os satélites indicam não dá pra dizer que a favela degrada mais. A cidade formal avança mais sobre áreas de vegetação nativa. Quando a gente olha a regularidade formal, ela é presente o tempo todo. Prédios luxuosos com varandas fechadas – a irregularidade é da cidade toda", me diz Julio. O IBGE mapeia os domicílios e o MapBiomas traduz isso em expansão de áreas; são dados complementares.

O que dá para dizer, com certeza, é que as populações mais pobres são as que sofrem e sofreram com o descaso dessa agenda. O racismo ambiental existe. Sem conhecermos o real tamanho do problema, da pobreza, como combater isso com eficiência?

Há uma compreensão global e local de que populações mais vulneráveis vão sentir os impactos das mudanças climáticas de forma mais rápida e direta. Não por acaso, há uma efervescência de ideias verdes nesses territórios, a partir da qual o Favela 3D procura também trabalhar. A necessidade de adaptação nessas áreas leva a soluções criativas, rápidas e, em muitos casos, replicáveis.

Mas a proliferação dessas novas visões de ocupação e construção mais sustentáveis passa por olhar com mais respeito e menos preconceito para as dinâmicas urbanas e de habitação nas favelas. É o que defende a arquiteta Mayumi Hirye: "Há um padrão urbanístico imposto, mas antes disso as pessoas moravam de diversas formas. Na maioria desses projetos de urbanização, a ideia sempre é transformar aquela favela numa coisa parecida com a cidade formal, mas será que esse é o caminho mesmo? Remover a favela e colocar em conjunto habitacional? Essas comunidades têm uma história, laços e vínculos que precisam ser considerados. Do ponto de vista da paisagem, a favela é um recorte específico. Num projeto de regularização urbanística e reurbanização, sempre tem a questão das áreas livres, das disputas pelo território, que limitam, mas as áreas livres são onde você cria infraestrutura verde e, desse ponto de vista, há exemplos de como aproveitar esses microespaços pra fazer acontecer obras de drenagem, viabilizando a circulação de serviços como de caminhão de lixo".

Mayumi ressalta ainda uma etapa fundamental para a transformação urbana dessas favelas e tem desafiado o Favela 3D: a segurança de posse do terreno. No capítulo em que falei sobre a Favela dos Sonhos, a questão fundiária é um tema central e isso se repetirá em centenas de outros territórios brasileiros. Naquele ponto do livro, destaquei que a Gerando Falcões estuda criar um corpo jurídico especializado no tema que possa criar diretrizes comuns de ação em cada favela que receber o Favela 3D.

"Você não precisa ser dono, mas precisa da segurança da permanência. Do ponto de vista do ambiente construído, isso é fundamental pra garantir a questão da infraestrutura, como rede de esgoto, água, energia. O esgoto é crucial. Se você pensar que essas áreas estão em encostas, em beiras de rio, estes pontos são básicos: regularização e infraestrutura. Outra questão é o tipo de moradia. A gente tem o desafio de construir a ideia de que existem outras formas de morar, diferentes da nossa. Isso vai depender de cada comunidade. A gente tem que começar a aceitar essas outras formas de morar. Há diferentes topologias que já estão mais adaptadas à natureza, e a gente pode olhar para as soluções que elas trazem. Existem soluções na forma como as pessoas já vivem, elas vão construindo diante da privação de acessos. É preciso ter esse olhar de desmistificar que o que está na favela é ruim. Há um engessamento das nossas leis, do nosso olhar", reforça Mayumi.

Ao longo de um ano de visitas a essas comunidades, concluo: a maioria das pessoas não quer se mudar. Elas construíram relações importantes ali. O que querem é se sentir parte da cidade, querem que a vida funcione e melhore por lá. Querem aprimorar o local onde vivem, querem CEP, segurança e RESPEITO. Olhar soluções a partir desses espaços, tirando a lupa do preconceito e da soberba, é urgente em todos nós.

> "A força dos seus sonhos precisa ser maior de que a vaia dos que torcem contra."
> —Edu Lyra

CAPÍTULO 9

Sonhar é preciso, sonhar junto é revolucionário

Edu Lyra reúne muitos currículos que chancelam sua liderança no empreendedorismo social brasileiro. Os impactos dos resultados são a parte final, sem dúvida, mas esses se explicam pelo que vem antes: lugar de fala. Criado numa favela em Poá, na Grande São Paulo, viveu a pobreza largamente até começar a pavimentar o caminho presente. Quando transita numa comunidade, ainda se sente em casa e seus interlocutores percebem isso. Há livros contando essa história. Aqui, estamos discorrendo sobre o projeto mais ambicioso da Gerando Falcões, um que passa pelo reconhecimento de que é difícil saber tudo sobre a pobreza porque sua origem é complexa, multifacetada. Edu achava que sabia tudo sobre combate à desigualdade até tentar fazer isso de forma mais ampla com o Favela 3D.

"Eu olhava a pobreza pela minha perspectiva de quem teve uma mãe chamada Maria Gorete no barraco. Muita gente não tem nada. A minha perspectiva é de alguém que era motivado o tempo inteiro, com uma mãe que me ensinou sobre ética e dedicação. Eu vivia na miséria, mas numa miséria rica, porque eu tinha minha mãe, que me dava autoestima. A minha ótica da favela era a partir disso. Antes, era eu tentando vencer a pobreza pela minha ótica; agora, sou eu tentando vencer a pobreza pela ótica deles. É sempre um desafio eu precisar me esvaziar pra poder encher", Edu me respondeu quando perguntei sobre o que, na sua visão, existia desde o início do projeto.

Quando o questionei sobre as dificuldades e lições trazidas pelo Favela 3D, até aqui, Edu Lyra recorreu ao propósito. Diante do desafio de reduzir o tempo de impacto social do Favela 3D e baratear o processo para torná-lo escalonável, disse que precisa de colaboradores que consigam performar por sete ou dez, mas sem perder a qualidade de vida. Para isso, acredita que só o propósito e o espírito de missão de vida podem trazer a produtividade necessária. Até agora parece ter funcionado, apesar dos muitos ajustes de percurso.

Edu Lyra já viveu muitos inícios e levou com ele pessoas que passaram a sonhar junto: "Olha, é um projeto que tem muito para dar certo. Acho que quem estiver comigo nele vai estar comigo para o resto da vida. Vamos mudar o mundo".

Esta última frase me foi repetida por três grandes aliados que ajudaram na fundação da ONG e estiveram com Edu quando Jorge Paulo Lemann podia ser, tranquilamente, apenas um nome de algum jogador de futebol para eles. Numa época em que a Gerando Falcões ainda se resumia a um TCC da faculdade que virou livro. Nessa obra, Edu contava sua trajetória de superação da pobreza, mas, principalmente, falava de seu incômodo com a realidade que ainda era de milhões de jovens.

E foi com esses jovens que toparam sonhar com ele que tudo começou. Edu Lyra chegou a entrar na faculdade de jornalismo, mas não se formou e, aos 23 anos, já estava batendo de porta em porta para vender seu primeiro livro *Jovens Falcões*.

Amanda Boliarini é uma dessas pessoas que sonharam junto. Na GF desde a fundação, hoje é líder do time de Desenvolvimento da Gerando Falcões, focado em tecnologia. "O que a gente vem plantando lá de trás é o que faz com que hoje seja tão grande. Então, acho que a gente teve a constância no fazer. Não é porque o Edu recebeu o prêmio da Forbes ou saiu na lista que a gente deixou de fazer. Então, acho que precisamos, sim, porque é relevante o quanto a gente consegue também se posicionar no país e ganhar visibilidade. A gente sabe que o desafio é muito maior."

Amanda tem a missão de lidar com a parte digital do Favela 3D. Existe o desafio estrutural, como o de saneamento básico, da falta de alimentação em alguns casos, mas a falta de acesso ao digital também é um problema sério, pois é uma nova forma de exclusão em que as pessoas acabam sendo cada vez mais excluídas do acesso à informação. No sonho em construção, todas as comunidades incluídas no programa terão laboratórios digitais, o que colocará o D de Digital, do Favela 3D.

Lemaestro, cofundador e coo da Gerando Falcões, cresceu na mesma rua do primeiro polo de cultura e de esportes da Gerando Falcões, em Poá. Começou com o Edu dando palestras nas escolas e vivendo da renda da venda do livro. Durante a nossa conversa, ele relembrou de quando os dois arrecadavam 20 reais num dia e era tudo o que tinham. Ele compreende que a idealização do Favela 3D foi resultado de uma autocrítica no processo de evolução e de se questionar: será que combater a pobreza é só oferecer oficina de cultura e esporte? Também, mas era preciso ir além, em outras frentes.

"Trabalhar a pobreza também é trabalhar saneamento básico e moradia e estabelecer parcerias institucionais e governamentais em políticas públicas. Combater a pobreza é combater a concentração da riqueza, distribuir. Chegou um momento em que entendeu que cresceu e precisava fazer mais, diferente. Assim começou o desenho do modelo do Favela 3D, em 2021. Cerca de 80% a gente já fazia, mas tinha ali 20% de coisas extremamente desafiadoras, porque quando começa a subir pra essa esfera, principalmente relacionada, na minha opinião, ao poder público, as coisas vão ficando mais difíceis", complementa Lemaestro.

"Para a gente conseguir a camada de patrocinadores que a largada exigiria, se criou uma meta de levar, em dois anos, mil empresários para conhecer uma favela. Inicialmente, o objetivo não era conseguir dinheiro, mas gente poderosa para ver a pobreza de perto: 'Pensamos, se a gente não levar, essas pessoas não vão entender. Então, a Gerando Falcões é o que é hoje porque houve um processo de conscientização e muitas dessas pessoas começaram a doar não só por uma questão que envolvia compliance ou lei de incentivo. Em alguns, a gente vê que se tornou propósito. Acho que tem isso, e eu acho que tem um outro processo que o Favela 3D e o livro podem trazer que é como a gente provoca e influencia o processo educacional brasileiro pra contar a verdade para as pessoas. Pra tirar as pessoas dessa inércia", me disse.

Lemaestro se recordou de um curso ESG que a GF oferece para executivos de empresas, presidentes e conselheiros, em que há uma parte sobre o histórico da pobreza, o pano de fundo da escravidão. "Aí a gente leva essa galera pra favela depois e fala: 'Olha, o resultado é esse.'"

A Gerando Falcões é resultado de grandes encontros e paixões corajosas que se contaminaram e até viraram casamento literalmente. Mayara Lyra chegaria logo depois do encontro com Amanda e Lemaestro. Tornou-se o aparador das asas para que Edu continuasse voando para sonhos cada vez mais altos. Depois de serem apresentados por um amigo em comum, Edu pediu ajuda com a parte administrativa, especialidade da nova amiga, que se tornaria sua grande companheira de vida. Como a única forma de pagamento do Edu era a gratidão eterna, Mayara se dispôs a trabalhar de graça por dois meses.

Já se passaram treze anos. Com duas filhas no saldo e muito trabalho em família, a família Gerando Falcões tem hoje mais de 280 funcionários e um orçamento de quase 100 milhões por ano, empenhados em projetos espalhados por mais de seis mil favelas brasileiras.

Mayara começou cuidando de toda a parte financeira e jurídica, sendo responsável por introduzir rigorosas e necessárias auditorias e levando a Gerando Falcões para um outro patamar de governança. Hoje, desafiada pela sugestão do Conselho da GF para diversificar fontes de renda da ONG, ela se tornou a coordenadora de uma nova área: negócios sociais, que tem a largada no desenvolvimento de bazares comunitários nos vários territórios de atuação e que complementa orçamentos do Favela 3D.

"Em dois meses em contato com o projeto e com tudo o que o Edu sonhava, e estando com ele, com o Lemaestro e a Amanda no dia a dia, eu não consegui sair. Essa é a verdade. Aparecia entrevista [de emprego], apareciam outras oportunidades. Eu não conseguia [sair]. Fui perdendo o desejo de querer procurar outra coisa pra minha vida e eu costumo dizer que foi tudo que eu precisava. Foi minha terapia, porque eu mergulhei de cabeça. Eu estava lá de segunda a segunda, mesmo morando longe. Me entreguei, me joguei de corpo e alma, e financeiramente [também], né? Porque tinha um custo muito alto pra ir pra Poá todo dia. A ONG realmente não tinha dinheiro. Eram sessenta quilômetros por dia", me conta Mayara.

De forma intuitiva e determinada, Edu Lyra foi se unindo a pessoas que o complementavam de alguma maneira, achando uma calibragem perfeita, foi se adaptando aos obstáculos e está em plena performance há muito tempo. Plenitude, aqui, não significa ausência de dificuldades. Edu é o espírito movedor da Gerando Falcões e está sempre desafiando o time a não achar que chegou a algum lugar, porque não chegou, porque ainda está longe. E aí, para chegar, tem que inovar, tem que sair da zona de conforto. Isso não se aplica só ao time de Edu, mas a todos nós.

Edu está certo, porque, se todos tivéssemos o mesmo engajamento, paixão, e contribuindo com o possível, a gente conseguiria. Mas um legado parece estar sendo construído com referências claras e transparentes. Inclusive de gestão de erros. Mais uma vez, Edu olha para corrida espacial e faz um paralelo com a possível colonização de Marte: "Temos dificuldade, na cultura brasileira, de lidar com a curva de erro. Estou tentando mudar isso no time. Essa é a lógica da corrida espacial, é lançar o máximo de foguetes possível e aprender mais do que todo mundo. Se o meu concorrente lança um foguete e, em um ano, eu lanço cinco, eu vou ficar muito mais inteligente do que ele. Essa é a lógica. Se eu ficar mais inteligente e aprender mais, eu chego a Marte mais rápido. Errar não pode ser punitivo. Nós estamos descobrindo caminhos que nenhuma ONG conseguiu, que os governos não estão encontrando; então, nós vamos conseguir acelerar essa indústria social. Qual é o grande desafio da corrida espacial? Matemático. Quanto custa, no menor tempo? São milhares de cientistas fazendo contas e prototipando soluções. A pobreza é um desafio matemático também. Estamos falando de índices, de cálculos, mas, sobretudo, de um desafio humano, técnico e social. E no desafio humano entra a vontade da outra pessoa. Dependemos de as pessoas quererem". Edu Lyra não está blindado de críticas pelo indiscutível comprometimento com a causa social e ele se analisa o tempo todo, criticamente. Mas esse é um homem que, por vezes, parece uma máquina de pensar, sentir e unir, e que se faz as perguntas difíceis. Mesmo assim, muita gente prefere ver só o marketing. Quando este livro estava para ser finalizado, Edu passava a semana na região de São Sebastião, que vivia sua maior tragédia recente, com mais de cinquenta mortos em razão de um temporal histórico. Ele colocou os pés e o coração na lama e, enquanto trabalhava diretamente no front, conseguia arrecadar mais de 10 milhões de reais.

Entre as perguntas difíceis que ele se fez e que antecederam a criação do Favela 3D, está: quantas famílias a gente tirou da pobreza nos últimos dez anos de atuação da Gerando Falcões? Não sabia a resposta, assim como governo e outras ONGs não saberiam. "Não se trata apenas de dar auxílio e garantir a comida. A gente só resolvia a ponta do iceberg. Se eu capto cerca de 100 milhões [de reais] por ano, 1 bilhão por década de trabalho, e não sei responder a essa pergunta, temos um problema, tenho que corrigir essa falha. Se eu corrigir essa falha, encontro um método, e pode ser que outras ONGs e governos sigam na mesma direção. Se pegarem o que foi feito por nós e fizerem melhor, já teremos ganhado. Eu quis me desafiar e desafiar o sistema. Quando eu coloco as metas de zerar todos os índices de desigualdade, colocar a pobreza no museu, sei que é muito difícil; mas é como mirar, e se você errar, pega ao menos uma estrela e já foi muito alto. Já valeu a pena."

> "O meu desafio não estava fora, mas dentro de mim."
>
> —Edu Lyra

CAPÍTULO 10

O futuro já acontece

"Tornando pública a estratégia da Gerando Falcões de orquestrar soluções em escala com os governos brasileiros e de forma não partidária. Transparência. 70% dos recursos para mudar o Brasil estão nos governos. Temos que os mobilizar pra ponta e acelerar as mudanças."

A legenda acima introduzia um vídeo de dois minutos na rede social de Edu Lyra, em que ele compartilhava, pela primeira vez, uma lição de gestão que só veio com o Favela 3D. Ele começa a gravação falando da necessidade de ganho de escala num projeto que pretende combater a pobreza extrema de forma profunda e sistêmica, numa atuação conjunta e forte, também, dos governos, prefeitos e a presidência da República.

Nos vinte dias seguintes, teria início uma série de encontros com autoridades detentoras dos mais robustos orçamentos públicos e algum interesse político em entrar nessa agenda urgente. Edu chamou aquilo de um novo momento, de um novo tipo de colaboração. Essa foi outra VIRADA importante na evolução da ONG e de seus objetivos. Amadurecimento, pode-se dizer.

Representantes de governos estaduais e federais em reunião com a Gerando Falcões.

"Eu só vou conseguir cumprir minha missão se os governos e outras ONGs seguirem o modelo do Favela 3D. A gente tem que ser copiado, porque não vai conseguiu implementar isso [sozinho] no Brasil inteiro. A gente precisa deixar o Favela 3D com todos os modelos desenhados, detalhe por detalhe, pra que alguém, em qualquer canto do país, consiga implementar. Todo o conhecimento vai estar aberto numa plataforma acessível. Quanto mais longe estivermos das decisões públicas, mais vamos demorar pra combater a pobreza", Edu concluiu comigo pessoalmente.

Os encontros para conversas pessoais, aliás, foram uma árdua batalha para esta jornalista perseverante. Este livro era uma prioridade para ambos, mas estamos falando do maior empreendedor social do país, que vive essa missão como a coisa mais importante a ser feita. Edu planejou os detalhes de sua vida para isso. Recusa todo e qualquer convite que o tire um milímetro deste foco. Faz sacrifícios como trabalhar 120 horas semanais e levar seu corpo ao limite da exaustão. Mayara tenta gerenciar e, quando percebe que as olheiras do marido estão grandes demais e seu corpo, exausto, exige paradas e rápidas viagens aos finais de semana com a família. Isso serve como uma máquina de rejuvenescimento.

Nesse tempo todo acompanhando o Favela 3D de perto, constatei que ele consegue se recuperar em 48 horas e voltar ao ápice da sua produção. Edu tenta administrar uma agenda para melhorar a tecnologia social. Ele trabalha nisso o tempo todo, obsessivamente, com muitas horas de dedicação no território, escutando os moradores e cooperando com o time técnico para ampliar a quantidade/qualidade de tempo no campo e ajustar tudo isso a uma agenda institucional com investidores, governos e viagens internacionais. Edu sabe que tempo e dinheiro caminham juntos para se chegar a metas. Ele é um FAZEDOR de SONHOS, como disse na introdução desta obra.

Desde que fundou a Gerando Falcões, há onze anos, construiu uma ética de trabalho que passa por dar o exemplo de trabalho para o seu time, criar estratégias para quebrar bolhas, construir pontes, implementar inovações sociais e escalar. Tudo funcionando como um verdadeiro BRAINSTORMING em looping constante. Seu estilo de vida pode ser questionável, ele sabe disso, e não necessariamente exige a mesma carga de trabalho para quem está ao seu lado, mas está sempre tentado levar as pessoas além da própria expectativa. Ele definitivamente encara o que faz como uma "corrida social". Edu acredita mesmo que vencer a pobreza antes de Marte ser colonizado é absolutamente aplicável. Muita gente dá risada da missão que atribuiu à organização que lidera. Quando isso acontece, ele simplesmente segue num foco inabalável. A razão: uma resiliência forjada na dor ainda quando vivia na extrema pobreza e visitava seu pai na prisão, somada a uma habilidade e inteligência estrondosas para liderar, aglutinar e convencer.

Empreendedor idealista, apaixonado e competente, compreendeu, ao fim, que nenhum empresário vai ter a mesma bala de fogo para investir como os governos conseguem. Os homens mais poderosos para a transformação do país estão no meio público, coisa que Edu admitiu não enxergar antes do Favela 3D. Fez essa autocrítica e se movimentou nesse sentido. Munido de resultados e embasamento, com a mesma convicção e desprendimento de sempre, perguntou àqueles governantes quem estava disposto a ajudá-lo na missão de escalar a tecnologia social desenvolvida com vivência.

Com Edu Lyra aprendi que, se algo não mexer de verdade com a gente, a gente não se mexe de verdade. Mobilizar é um dom e alguns, como ele, nasceram para isso, mas todos podemos nos mobilizar. Há muitas formas de fazer isso: o ponto de partida está sempre no nosso incômodo e no questionamento ao que está posto. Graças a este trabalho com o livro, pude me aprofundar num tema que sempre me incomodou muito. Das lições mais práticas que levo para minha próxima visita a uma favela, uma é jamais oferecer sem pedir algo, nem que seja uma xícara de farinha. Porque, quando o morador da favela me dá, nos encontramos num mesmo patamar. Todos temos algum nível de orgulho. É humano. E essa lógica também é colocada no Favela 3D, que se renova a partir dos próprios aprendizados.

Quando um assistido ganha a casa tão desejada, vai retribuir com alguma entrega: tempo para a comunidade, limpeza da rua, cuidado com as crianças... Vai entender que não é de graça, que é uma relação de multiplicar dos dois lados. A mãe vai retribuir colocando o filho na creche ou na escola, porque vai entender que isso é um ganho para o país, uma devolutiva. A Gerando Falcões está mapeando toda a cadeia de valor para ver onde tem troca, vínculo humano, experiência e, consequentemente, algum aporte possível.

Mentores como Silvio Genesini têm ajudado Edu Lyra a se apropriar dos argumentos inabaláveis por trás da tecnologia digital como ferramenta insubstituível no combate à pobreza crônica. Um *know-how* ainda distante da cultura pública. Genesini destaca que tecnologia e inovação são componentes essenciais para a criação de escala na erradicação da pobreza, por sua capacidade de transformar modelos que funcionam em ambientes controlados, em projetos que possam se replicar aceleradamente e com impacto exponencial.

"Ela tem papel relevante em praticamente todos os aspectos das intervenções transformacionais nas favelas: na formação de líderes a distância, na arrecadação de doações e patrocínios, na inclusão digital dos moradores, na formação para o mercado de trabalho, na estruturação e coordenação de projetos de transformação, na definição de indicadores e acompanhamento da evolução pessoal e familiar, na solução criativa de problemas complexos como habitação, saneamento, saúde etc. Só uma plataforma integrada e digital tem o poder de criar uma escala que alcance milhares de favelas e transforme a vida de milhões de pessoas", afirma Silvio.

Edu Lyra chega à mesa de negociação com essa defesa pronta. Como precursor, sabe que o Brasil está muito atrasado e que esse processo só é possível unindo organizações sociais com o poder público e fontes privadas de doação. Sabe falar sobre isso porque aprendeu a fazer, sendo o fundador da primeira organização a sistematizar e usar tecnologia da informação para acompanhar e medir os projetos de eliminação da pobreza e transformação de favelas.

Mas se lembra daquela mudança promovida no modo de trabalho dos assistentes sociais, diante dos erros diagnósticos com as famílias decoladas no Favela 3D? Genesini observa que a tecnologia é só um pilar. "O que realmente faz a mudança são os líderes sociais atuando empoderados pelas tecnologias dentro das favelas. São eles que têm legitimidade para interagir com as lideranças das favelas, para que a intervenção tenha credibilidade. São eles que lideram a execução, para que o dinheiro, efetivamente, seja usado em benefício da evolução de todos os indicadores e que a mudança para melhor realmente esteja acontecendo pessoa a pessoa, família a família. Muitos avanços só duram se são permanentemente reforçados para que não haja retrocesso. Por isso, a formação desses líderes e o seu treinamento no uso da tecnologia são as principais missões da Gerando Falcões."

Combater a pobreza dá trabalho, demanda investimento, tempo, atenção prioritária, vontade. Mas a questão da vontade implica perceber o que realmente nos atravessa e incomoda. Quando nos acostumamos com o indecente, pois a manutenção dele ajuda a manter nossos privilégios, também se torna uma questão ética e moral. Sobre o que queremos ser como indivíduos e país.

Faça o que for possível, mas faça alguma coisa. Comece por educar seus filhos e sua comunidade sobre a origem do que nos cerca a todo momento: uma desigualdade construída de forma deliberada e ao longo de séculos. Antes de colonizar Marte, vamos fazer ser possível vivermos todos na Terra, com o mínimo de dignidade e oportunidade em comum? Tenho convicção de que todos seremos mais felizes e teremos mais sentido em nossas vidas.

Comecei este livro citando o amor revolucionário proposto por bell hooks. Termino sugerindo que levemos conosco a principal mensagem da filosofia sul-africana Ubuntu: "Eu sou porque nós somos". Não importa nossa origem nem cor da pele – existimos a partir do outro.

Vamos colocar a INDIFERENÇA no museu.

POSFÁCIO

A escolha pela conexão

De Marte à Favela: como a exploração espacial inspirou um dos maiores projetos de combate à pobreza do Brasil é uma obra que cumpre um duplo propósito transformador. A partir de uma narrativa baseada em experiências reais que ocorreram nas comunidades impactadas pelo projeto Favela 3D – um modelo inovador de desenvolvimento social liderado por Edu Lyra e pela ONG Gerando Falcões –, a jornalista Aline Midlej nos convida a refletir de maneira profunda sobre a situação da pobreza no Brasil.

É preciso fazer muito para derrotar a pobreza, e parte desse desafio tem como resposta a educação. Somente a educação é capaz de romper o ciclo transgeracional da pobreza e criar futuros repletos de oportunidades. Porém, não podemos nos esquecer de que reagir à indiferença, à invisibilidade e à banalização da pobreza também pode transformar a realidade.

Com uma carreira marcada pelo compromisso com as causas sociais, Aline é uma defensora ativa da mudança, com um olhar atento e sensível. Sua trajetória a levou a mergulhar profundamente nas complexidades da sociedade brasileira – com isso, questões como a pobreza e a desigualdade persistentes se tornaram um chamado à ação. O livro nos convoca a uma repactuação ética para o combate às desigualdades, que envolva governos, a iniciativa privada e o terceiro setor, e nos lembra de que as soluções que buscamos devem estar ancoradas na experiência e nos saberes das próprias favelas, assim como no reconhecimento de que buscar soluções para a desigualdade também é um compromisso de todos.

Estamos seguros de que o livro servirá de inspiração para aqueles que desejam repensar o Brasil e se envolver na construção de um futuro mais justo, digno e igualitário para todos.

Marlova Jovchelovitch Noleto
Diretora e representante da Unesco no Brasil

**Acreditamos
nos livros**

Este livro foi composto em Questa Slab,
Alternate Gothic e Space Grotesk e impresso
pela Gráfica Santa Marta para a Editora
Planeta do Brasil em setembro de 2024.